勝率

73.45%

一天就學會的
五步驟選股法

艾致富——

著

U0070043

過去數十年，台灣經濟奇蹟的產生，奠基於提著一只皮箱，全世界找訂單的企業冒險家。如今，台灣經濟面臨新的轉型挑戰。我一直覺得，台灣可以像英國一樣，成為資產管理的重鎮，讓台灣的資金，能夠投資到全世界最具前景，最具競爭力的企業。讓台灣的資本市場，可以吸引更多具競爭力的企業，讓前人辛苦累積的血汗錢，不再成為金融大盜的俎上肉。

要達到這樣的目標，最重要的，是台灣需要有更多的投資操作人才，而且這些人才，必須大公無私的願意分享自己的心路歷程，讓後生晚輩，避免重蹈前人走過的冤枉路。艾致富先生就是這樣願意分享的人才。他把他從大虧 800 萬到擁有數千萬身家的心路歷程，以及操作的方法，歸納成幾個原則，跟大家分享，這種不藏私的精神，是台灣要成為華人資產管理中心，一個非常重要的關鍵。

我非常希望有愈來愈多跌倒過又成功的金融操作者，願意把自己的心得，化成文章，化成課程，帶領著新一代的金融操作者，可以透過這些金融操作的技術，為辛苦工作積攢儲蓄的台灣人，帶來穩定的投資報酬。

隨著科技的進步，交易規則的改變，把投資思維，撰寫成規律的交易程式，並且嚴格的遵守交易紀律，是這幾年投資操作的主流趨勢。艾致富先生把他一生的交易經驗，透過程式，濃縮成幾個選股及進出場條件，每個朋友，學習這些條件背後的精神，都可以發展出自己專屬的交易策略，並且讓電腦機械式的進場、出場、停利、停損，這麼一來，每個人都只要專心的發展自己的交易策略。交易的事情，就交給電腦處理，這是艾致富先生帶給我們的全新投資操作流程與思維。

以往投資路上，大家都各自摸索，台灣如果能多點像艾致富這樣願意分享的實務派操作者，台灣的金融操作者，在紀律，謙遜之外，還多了分享的特質。那麼，台灣的資產管理業，終將可以進到百花齊放的境地。

嘉實資訊總經理　

認識艾致富的緣起，與工作有切身關係。我任職於《今周刊》，負責以理財投資課程為主的「今周學堂」，而艾致富是《今周刊》979期封面故事【散戶復仇記：我40歲，在股市反敗為勝賺3千萬】的主角，想當然爾，一定要邀請開課之。第一次的合作透過今周同仁引薦，電話與mail往來，開設了2.5小時的技術分析課程，學員滿意度成效斐然，讓我對艾致富產生濃厚興趣，就順勢邀請他撥個盤後的時光細聊未來合作的可能性。

　　首次在非課堂的場合見面，覺得艾致富談吐溫文儒雅，不帶有股市殺戰戰場的血腥氣味，但一聊起專業，又散發出超齡的自信。我心想，這樣的胸有成竹，一定是建立在持續且穩定的操作成功之上吧！猶記當日是民國105年7月1日，Pokemon Go在全球討論火熱之際，台灣雖還未上線，艾致富即以獨到的眼光提醒我，要留意台灣可提供AR內容的公司，於是他談及的宇峻（3546）就進入我的觀察名單，當天股價收在38.15元。下次與艾致富見面時，是我們合作開【基本面＋技術面＋籌碼面，一套心法教你搭上主力順風車】課程的第一天，民國105年8月23日，而宇峻股價卻早在8月8日就高達84.9元了。那一次，是我首度驗證「倍數飆股達人」的封號，更別說岳豐（6221）從20元左右聽他分享到，一路親眼看著股價飆升到58元的震撼程度了。

　　經過多次交流請益，我發現艾致富不只是「倍數飆股達人」，更是「生活投資大師」，從筆電的TYPE C到外國的VR遊樂園，許多生活的大小事，在他眼中卻成了極具投資潛力的關鍵資訊。如果你對於股票還沒有找到順手的投資方式，歡迎來認識艾致富的獨門投資心法，你會發現，股票除了是獲利的投資商品外，也是讓生活增添許多話題與樂趣的好朋友。

今周刊整合行銷經理　李國勳

　　大家好，我是艾致富投資論壇創辦人，18歲起我就開始接觸股票投資，那年我是大一新鮮人，選擇了當時許多人搶破頭的法律學系就讀，不知為何總覺得自己對法律條文不是很擅長。還記得要升大二的那年暑假，平日就很愛看書的我，趁著暑假就到書店街翻起了股市投資的書籍，突然發現許多人覺得難以理解的股票投資，自己讀起來卻覺得是理所當然。於是我在快3個月的暑假之中，讀了將近70本的股票投資書籍。

　　有一天我突然覺得自己看了這麼多的書，應該有非常好的投資觀念、也應該有非常好的投資技巧。但在真正面對投資市場時，卻好像誤入叢林的小白兔一般的慌張害怕。

　　我終於明白坊間所有的股票投資書籍講的都是理論，多是剪貼拼湊出來的文章，沒有一個專家願意把實務的操作經驗拿出來分享，所以我下定決心也花了很多金錢跟著許多名師學習。

　　我上過許多知名投顧老師、股市作手的課程，希望有朝一日能把自己所學，用實戰的角度寫成書來與

投資朋友們共同分享，讓投資人花最少的學費，就能成為股市的常勝軍。

很感謝一路走來有許多的同業先進們及我的技術啟蒙恩師吳筱蓁老師的指導、更感謝我曾經教導過的學生給我支持與肯定，我將會把自己所學以及 20 年的投資經驗，用獨一無二的實戰角度，分享給有心想在股票市場闖出一片天的投資朋友。

這本書我用最深入淺出的方式，把實用的招式透過明確的步驟讓大家來學習。也希望大家在閱讀之餘能真正把它套用在實際操作上，如此假以時日，必能融會貫通，讓你選股的成功率倍增。

希望所有讀者們繼續支持我，也不吝給予我批評及指教。

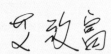

股市中付出不等於有收穫

　　在你閱讀本書之前，有一些提醒請您注意！請按照本書編排的順序一步一步的學習，實務上的運用也請依照我所編排的順序來做使用，千萬不要顛倒順序。

　　最後，當你要用我的方式來投資時，也請大家把自己所學過的先拋在一邊，絕對不要再加進以前學習過的方式。

　　在投資人學習股票的投資過程之中，99.9% 的投資人都是東學西學來建立自己的投資模式，這樣看起來似乎學了很多很多的方式，但在實際投資中，卻高達九成以上的人是賠錢的。我們從小到大，不論讀書或是工作，父母、老師與主管都會灌輸我們一個觀念：「有努力就會有收穫」，相信大多數人心中也把它視為真理，但是在投資的領域，似乎完全不是那麼回事。

　　我花了許多時間想探究問題出在那裡？原來問題出在風險的控制。

投資是有風險的，任何有風險的行業（投資也是一種行業），安全性永遠都是擺在第一位。以汽車生產商為例，一台汽車若不把安全性擺在第一位，輕則造成車主的損傷、重則可能會危害很多人的生命安全。也因此車廠在生產的過程中，任何零組件都必須透過原廠的認證，不斷測試才能組裝，組裝完成後也必須完成各種安全測試才能上市。

確立你的投資的方法，不要朝秦暮楚

為了安全的考量，有責任感的車廠都不會輕易更換長久配合的零組件廠，因為任何一個小小零件故障率提升，都可能會造成車毀人亡的悲劇。

投資不也如此嗎？既然投資是有風險的，投資人就不應該隨意更改投資的方式，因為一旦更改了，當你沒有足夠的時間去驗證它的準確率夠高、風險夠小，那麼你的投資反而會讓你身陷危險之中。

在我教學的過程之中，常用原廠車、拼裝車與改裝車來跟學員們分享如何學習投資股票。因為汽車上路有肇事的風險，所以任何人買車第一步一定要選擇

原廠車，而不會自己亂找零組件廠東拼西湊出一台車。買台原廠車即便你對它的外型、性能不夠滿意，它在上路前至少都經過了的原廠的安全測試，倘若車主真的還有所不滿，也頂多是買車後再進行部分的改裝。

　　投資也是如此，投資人要把投資學好，就一定要先學會一套完整的投資步驟（好比買原廠車），你可以跟任何市場上的名師、專家學習他那完整的一套投資模式，至少這一套完整的投資模式，是經過名師或專家多年來不斷測試，可以有效的提升獲利，降低風險。倘若投資人自行學了一堆方式來拼湊成為一套自己的投資模式，事實上這就是一台夾雜各種非原廠認證零組件，所組合而成的拼裝車，這樣的風險有多大？我想投資朋友們應該自己就能清楚。

　　投資必須先學會一套完整的投資方式，之後才能再依照個人需求去改裝，這樣你的投資才能既符合自己需求，也不會產生過大的風險。而本書要教給投資朋友們的就是一套完整的步驟（原廠車），而不是一堆東拼西湊的方式（拼裝車）。

　　股票投資中有許多學派，每個學派都有廣大的支

持者，其中技術分析學派一直都是支持者最多的。我猜想，主要原因是技術分析的學習相對容易、教學的老師或書籍也較多、又不像基本面學派那麼艱澀難懂是有很大關係的。

不過許多人不相信技術分析的效果，批評者總是說技術分析是看圖說故事。其實這些人說的也沒錯，因為不管任何人在使用技術分析時，都需要一張技術分析圖。這張圖必然是過去的價格與許多數據所呈現出來的結果，既然是過去的數據，也代表大家看到上面的任何圖形資料、指標，其實都是過去的一段歷史軌跡所顯示出來的，但是真正厲害的高手，可以用過去的股價圖形，推測未來一段時間的股價走勢。準確率高達 7～8 成，所謂的一段時間，短則一個月長則一年甚至超過（端看該分析者的功力）。也正因如此，市場有著無數投資者競相學習、研究。

本書的投資方法立基於技術分析之上，經過我長久的測試，而又簡單易懂，可以大幅的縮短投資人摸索的時間，提高勝率，成為股市的常勝軍。

重點在未來會不會漲，而不是現在漲多少

在大家一開始準備學習之前，請投資人務必牢牢記住這句話：「追高殺低才是技術分析的王道」，親愛的投資朋友們，不要再問投資不是要低買高賣嗎？追高殺低不是散戶才會做的愚蠢行為？請大家記得忘掉自己過去所學，讓自己當張白紙你才能裝進更多的知識。

為何要大家牢記這句話呢？因為技術分析的架構是建築在個股（指數、ETF 及其它有明確價格資訊的事物）過去的價格變動資訊之上。用統計方式分析個股每天的價格及交易資訊（開盤、最高點、最低點、收盤價、成交量等等），並以指標或是圖形的方式整理出價格變化的模式。讓投資人可以根據指標及圖形，預測股價未來的走勢。

由於是以過去的資料為基礎，當指標或是圖形出現價格上揚趨勢的跡象時，股價通常已經上漲了一段時間了，過往我在學習技術分析時，是用方格紙自己畫 K 線及指標，雖然辛苦，但也造就了我對技術指標及 K 線圖的敏感度，然而現在投資人都依賴電腦軟體，雖然方便，但無形中也喪失了盤感。

但為何要追高殺低呢？我們不妨用房地產為例進行說明。大家都應該知道，在精華地段的房子，如台北市中心，不但上漲的時間長而且幅度也大。而相反的，許多偏遠地區，往往其它地方都漲翻天了還是原地踏步。但是投資客會選擇哪種地段做投資？

一個地段之所以不斷的上漲，是正因為它具有某些優勢（如人口眾多、交通方便、就業機會等等）。所以雖然每個人都知道房價已經不便宜了，但它仍是一直漲。20 萬漲到 30 萬你嫌貴，不想追高，它反而一路上漲到破百萬。

所以精明的房地產投資客，他在意的不是現在房價是高是低，而是未來會不會再上漲。現在價格已經大漲了一段又如何？只要我買了，它會再漲，讓我可以更高賣掉不就好了？若是在意過去的價格，那大家都不用進場了。

投資者願意不斷追高的原因在於當它形成了一種上漲的趨勢時，不追高就等於不進場，不進場就等於沒賺到錢。而為何這個地段的房子能形成上漲趨勢呢？必定是在它的背後有著許多其它地段沒有的優勢，讓它能比別的地方更有上漲的條件。

所以，追高、買上漲的趨勢的觀念是正確的，只是投資人需再去瞭解，能讓它形成上漲趨勢的理由，到底是真是假？如果投資朋友們能瞭解在房地產上透過追高的邏輯來賺錢，現在你應該也要把這樣的觀念用在股票上，買上漲趨勢的股票、賣下跌趨勢的股票，追上漲趨勢的股票、殺下跌趨勢的股票。這也就是我所謂的「追高殺低」。

　　如果你不打算追高殺低。比方說你在全台房價都大漲的時候，找到某一鄉鎮，房價經年不動，你認為撿到便宜了。但是大家都漲時，它之所以不漲，是不是背後有許多不可逆的因素？正在上漲的房子它有很大的機會會再漲一陣子，但是原地不動的房子，也許會在原地徘徊更長的時間。

　　同樣的道理，也適用於打算以技術分析方法學習投資的朋友們，也是本書的讀者，要勇於買進趨勢向上的股票，而不是買低價的股票。

　　好了，在大家有這樣的基本觀念後，接下來我要告訴大家的重點便是如何判斷股票的價格走向？搞清楚股價走向才知道要作多還是作空，或是盤整高出低進。當你方向都搞清楚了，最後才是買賣點的問題了。

這些觀念聽似理所當然，但我敢肯定絕大多數的人，買股票根本沒有以系統的方法進行研究。有時靠小道消息、有時透過新聞進行利多利空的判斷、有時聽名嘴、投顧老師報名牌。或者從書上找一兩套基本面、技術面的選股方法做為投資的依據。沒有固定系統的投資方式，這樣的投資人當然註定要虧的多、賺的少了，更重要的是，你將沒有可以修正自己錯誤的機會。

你想一個投資人的操作沒有一套完整的步驟或邏輯，每次買進、賣出都有不同的理由、都用不同的邏輯，永遠用完全不同的方法，你若幻想有穩定的結果，這是不切實際的！

以下內容將分享我運用技術分析的系統方法，我使用了多年，可以替初學者節省很多摸索的過程。我也希望你能完整的運用一段時間，隨著經驗的累積，你會不斷的提升你的勝率，甚至可以達到七成以上。如果你完整的運用了一段時間，而發現不太適合你，也請另外尋找（或另外建立一套系統的方法，如你下很多功夫的話）一個系統的投資方法。同樣的，也希望你能完整的使用它一段時間。

以下來看看我的選股「絕招」吧！

目　錄
CONTENTS

目 錄
CONTENTS

7 輔助工具與進階篩選

CHAPTER 1

選股的五大步驟

>> 技術分析指標一大堆,
要全部學會才能選股?
移動平均線和相對強弱指標就夠用了!

作多是投資市場的主流方法。不論是主力、大戶、法人還是散戶，絕大多數的投資行為都是找尋上漲機率高的股票買進，並期待賺取股票上漲的價差。那可以作多的股票要符合什麼樣的條件？

我認為邏輯上要符合以下 3 個條件：

一、個股正處於上漲趨勢！

基本面優異的股票也會下跌，也會讓你套牢，如果你抱持長期投資的心態，那 OK。但確立上漲趨勢之後再買進，也許更符合一般人的期望。

很多投資人在股價下跌的情況下，很難維持理性的思考，因此往往認賠殺出。與其對抗人性，不如不管基本面如何，都確認其投資標的買進後，立刻上漲機率很高才進場。

二、足夠的上漲幅度！

一支可能上漲 20% 的股票有沒有投資價值？以我個人的習慣性，股票如果沒有上漲 30% 的潛力，我不會考慮進場。交易有成本，你（我以及任何人也是）也不可能

每次都判斷正確,所以除非有強力的上漲訊號,不宜輕易的進場。

三、投資標的有法人介入,使籌碼處於安定的情況。

有大戶支持的股票是投資的保證,你只有跟著有力投資人的腳步,不管是外資、內資或主力,會讓你獲利更高,風險更小。

如果你每次買進的股票都符合以上 3 個條件,那長期下來,你一定會在股市賺到錢。不過以上條件在邏輯上說的通,但實際上如何去執行呢?如果連什麼叫股票正外於上漲趨勢都不知道?就更別說要判斷會漲多久了!

其實用幾個最簡單的技術分析工具,依循以下 5 個步驟,就可以提供你進場投資的重要資訊。

# 用 5 個步驟取得投資關鍵的 7 大資訊

　　特別要再一次提醒你，這 5 個步驟要依順序來進行，如果不符合第一項，就不用考慮二、三、四、五是不是符合。這個規則簡單而明確，可以替你省去很多的時間。

一、挑選年線 (MA240) 向上的個股

二、判斷年線在未來一個月是否持續向上

三、季線或月線至少必須有一條向上

四、3 日移動平均量與 18 日移動平均量，出現黃金交叉的 3 日內

五、13 日 RSI>50 且 6 日 RSI>70 以上

　　以上這 5 個條件，可以幫我們了解包含前頁 3 個關鍵問題的 7 項股票操作重要資訊。

一、個股是否處於長期上漲趨勢？

二、個股的未來是否仍會持續上漲一段時間？

三、短線上及波段上有沒有機會持續上漲？

四、當個股長期趨勢、波段及短線上，出現不同方向時該
　　如何操作？

五、是否具備足夠的籌碼或力量來推升股價上漲？

六、個股的上漲過程中，是否有有力人士支持？

七、個股上漲是名符其實還是表裡不一？

　　當一檔個股長期趨勢向上，這代表投資人買進這檔個
股獲利的機會非常大。就算短期股價拉回修正，未來再創
高的機會仍然非常大。這就是所謂長線保護短線（透過長
期上漲趨勢來保護短線的波動）。當然，絕大多數的投資
人都希望買進後，很快的就上漲獲利，所以就需要找尋短
線上及波段上還會上漲的個股。

　　但畢竟同時符合長線趨勢、中期波段、短線都是上漲
趨勢的個股是比較少的，所以當一檔個股出現了長、中、
短期趨勢走勢不一樣時，投資人是該買進？該持有？還是
該賣出？這也是許多投資人的疑問。

　　當投資人選擇了一檔趨勢有利於買進的個股之後，
我們還必須考量這檔個股到底有沒有主力、法人這樣有實
力的玩家介入；此外，這些人只是短線、少量資金玩玩？

還是真的有心做一個大波段行情？都是投資人必須去瞭解的，最後，在股市中時常會看到一些股票漲得莫名其妙，到底這些股票是漲真的？還是漲假的？是拉高要引誘投資人以方便出貨？還是真的是主力、法人要做這檔個股？一旦投資人搞清楚了每一檔個股的這七個訊號之後，就會比一般人更容易在股市中賺到波段錢，也不容易成為主力、法人出貨、坑殺的對象。

在後面的章節裡，我會具體說明如何運用這 5 個步驟來分析個股，找出符合上漲條件的投資標的，並且說明如何決定買點及賣點。

在正式開始學習這 5 個選股步驟前，有必要先向你說明這 5 個選股步驟及其及背後代表的 7 項資訊為何重要。

投資市場有一句大家都聽過的話：「市場不會出錯，會出錯的一定是投資人。」 如果你認為學習技術分析的目的是在賺錢，而要能在股市賺錢，就要可以判斷前述 3 個關鍵。因此無法達到此目標的技術指標，就可以丟掉，就可以不用學。

最後，如果 A 指標與 B 指標的功能是一樣的，但 A 比

B 更靈敏、更好用，那麼 B 指標一樣就丟掉吧！

你只需要留下有助判斷股價走勢的指標。每一個關鍵因素，你只需要留下一個最好用的技術指標即可。

一套好的技術分析組合，應該可以用最少的指標、最短的時間，來發現 7 項關鍵要素的動向。

簡單來說，學習技術分析，要先去弄懂股價上漲的原因，再針對這些原因，去找最適合判斷的技術指標來學習，這樣有目的、有邏輯的學習，才能真的幫助到大家。

我一向認為，技術分析不是不能幫投資人賺錢，只是 95% 的投資人，並不懂得如何去好好把自己所學過的技術指標，組合成一個既簡單、全面性、又準確的方法，所以學習技術分析主要難在如何組合，而非你學習的指標不夠多，另外我還要強調，愈多人使用的指標愈有用，獨門指標反而不是那麼重要。

股票投資要先確認趨勢，然後順著這個方向，去選擇作多或作空。如果個股的趨勢是走多的，投資人就選擇作多，這樣的投資才會有比較大的勝率。不過單單是知道長期趨勢是不夠的，你還必須了解波段的變動。

一檔個股股價是 20 元，在一年之後漲到 40 元。通常它不會只漲不跌的一路到 40 元！可能它會先從 20 元跌到 17 元再漲到 30 元，再從 30 元跌到 25 元再漲到 40 元。

　　一個投資人可能在投資之前正確的判斷股價將有一倍的漲幅，於是在 20 元買進，但是在股票跌到 18 元後，虧了一成，就嚇壞了。所以匆匆的停損。即便最後它漲到 40 元也跟那投資人一點關係都沒有。所以，你的投資要符合長線趨勢當然是必要的。但是瞭解中短期的波段變動，以決定何時該買進、何時該賣出、何時可以續抱，也是投資人的必修學分。

　　再者，一檔個股即便趨勢向上，你也作多，波段進場點你也抓的挺不錯，但倘若背後拉抬這檔個股的有力人士，不管是主力、法人、公司派甚至是政府基金都好，如果他只做短，或者實力不強。可想而知，這樣的個股漲幅可能並不會太大、時間也不會太久，此時這樣的個股你就只能作短，甚或是乾脆不買。

　　最後，如果一檔個股趨勢向上、投資人也作多、進場點也不錯、也有大戶力挺。但是如果因為國際股市大跌、台股大盤大跌、個股突然的重大利空等等因素，讓背後的

作手改變心意，那你要如何及早發現這細微的變化？而不是傻傻的以原來的預測來執行投資計畫，最後是抱著股上漲，又抱著股下跌。

以上問題很難解決嗎？其實真的有一點難度，我在大學時期開始學投資，一直受困於這些問題。我不斷的利用各種技術指標來進行分析及組合，希望可以回答上述列出的 7 大問題，讓我的投資勝率更高。經過多年的測試，才產生了將在以下章節詳述的 5 大選股步驟。

從第二章開始，我將詳細的說明，為什麼要採用那 5 大步驟，這 5 大步驟又如何推論出有關股票投資的 7 大關鍵資訊。也希望你在投資的路上，要不吝於問為什麼？要盡可能的了解所用工具的運用原理，而不要只是表面的東抄西抄。

🎯 技術指標也可看出產業的基本面？

　　行文至此，對投資稍有涉獵的朋友，一定會產生一些疑問？基本面不重要嗎？那 5 個選股步驟用的都是技術分析的指標。所以投資的企業的本質，在選股階段不重要？這個問題說來話長，基本上在選股完成後，我也會用一些基本面的觀點，進一步的縮小投資標的選擇範圍。不過我在這要先說明的是，企業因基本面而造成的影響，通常也會反映在技術分析的眾多指標之上。

　　早期極端的技術分析擁護者，是這樣形容技術分析的。把一群動物身上綁上直立的竹桿，圈養在高而無法透視的圍欄之內。觀察者只能看到高出柵欄的竹桿，並以此推算竹桿的運動軌跡。

　　你可以說觀察者完全不管底下的動物是什麼（正好比你可以說技術分析工具不管被觀察的股票的基本面），但是你不可以說，竹桿的移動不受底下那隻動物的影響。

　　我們不妨來看看，景氣循環與股價的關聯。不論產業或是企業都會經歷景氣循環，如圖 1-1。谷底期就像是一檔個股，經歷過高檔大跌之後，在低檔盤整了好幾個月、甚至很多年。直到那天它開始往上上漲，突破了底部或是

長期的低檔盤整區，於是就進入到復甦期。

　　復甦期的個股，應該在公司財報上會出現 3 種狀況：一是從大虧變小虧，二是虧錢變成有盈餘，三是本來雖有賺錢，但獲利一直處在相對的低點。之後開始慢慢越來越賺錢。

　　所以我們可以預見的是，這樣的公司，整個獲利並不穩定，呈現在個股的股價表現上，往往上漲一段之後，很

1-1 產業景氣循環

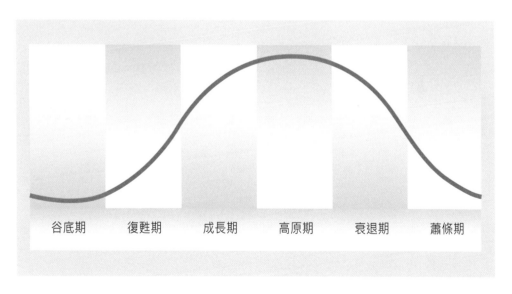

| 谷底期 | 復甦期 | 成長期 | 高原期 | 衰退期 | 蕭條期 |

資料來源：作者整理

快又會立即大跌一大波。但可以看的出來底部（低點）是愈來愈高，高點也是愈來愈高。個股很容易出現股價一突破先前高點，就會立即拉回修正的現象。

這時候並非股票漲最多、漲最快的時候，但只要投資人抱的住，也願意中長期持有它，基本上來說，股價將會是越來越高，長期來看，也會是買在整個上漲趨勢的相對低檔區。

當然每家公司的高原期能撐多久都不一定，一旦到了高原期之後，就會開始慢慢衰退，直到最後變成蕭條再進入谷底。總會有那麼一天，這間公司會再一次從谷底循環到復甦期。因此我們可以瞭解，當一家公司、一檔個股，處在谷底期時。最終將在過了一段時間之後，它的上漲趨勢就會出現了，此時，我們所要做的唯一一件事，就是買進它，陪它一起上漲。

以聯電為例子（圖1-2），聯電的技術分析圖包括K線及移動平均線，圖中的移動平均線為240日線（MA240，也稱為年線），240日線就如同圖1-1中的產業景氣循環曲線一樣，代表著聯電目前在企業景氣循環中的哪一部分。

我們可以發現聯電先前的年線一路由高檔下跌，直到

2013 年 5 月才開始慢慢由下跌轉為微微上揚。這就如同圖 1-1 由蕭條期開始進入了谷底期,甚至可以說已經開始由谷底期慢慢進入了復甦期。

　　所以投資朋友們要記住,移動平均線裡的 240 日線,其實就代表了企業基本面的景氣循環,清楚的告訴我們該個股目前在景氣循環的那個階段。以圖 1-2 為例子,聯電至少已經在谷底期,甚至可能已經慢慢在往復甦期邁進。

1-2 當年線反轉,代表股價將緩步走高

2012 年 1 月至 2013 年 7 月聯電年線走勢

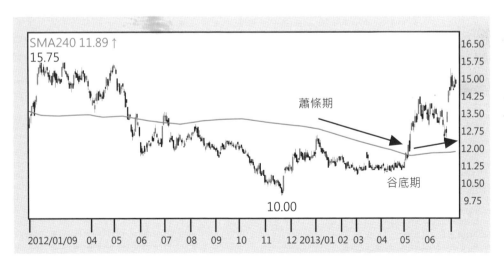

資料來源:嘉實資訊

我再次跟大家強調，我所教大家的是有步驟性的，換言之，移動平均線中的年線，將是大家以後在選股中第一個要考慮的條件。就是買年線向上，從谷底→復甦，或是復甦→成長，或是成長→高原。只要你是作多，就請記得你所買的個股年線一定要向上，因為年線向上，即代表了基本面中，企業景氣循環是向上的，並且也代表技術面的長期趨勢是向上的。唯有年線向上，才能讓投資人抱的越久，股價越有機會隨著景氣及趨勢向上而大幅成長，時間才會成為投資人的好朋友而非敵人。

　　移動平均線的詳細使用方式會在下一章進行說明。

CHAPTER 2

掌握趨勢？
看移動平均線就對了

選股的 5 大步驟，其中前 4 項是
利用最簡單最常見的移動平均線
完成。找到會上漲的股票其實沒有
那麼難！

移動平均線（Moving Average；MA）大概是最為人所熟知的技術分析工具。打開任何有提供技術分析圖形的網站，最先呈現除了價格走勢線外（有時是用K線），通常就是幾條常用的移動平均線了。

移動平均線是一定日期股價平均數的連線（或是指數及其它數值資料）。如某個股5日平均線，是其連續5個交易日收盤價平均值的連線。最常被投資人使用的平均線分別為5、10、20、60、120、240日平均線。在技術分析軟體以英文的簡稱MA來標示。因為基本上只有工作天股市才交易，因此MA5又稱為週線、MA10為2週線、MA20為月線、MA60為季線、MA120為半年線，MA240為年線（國外股市網站通常以MA200為年線）。

其中MA5、MA10、MA20可以視為短線，我在前面也跟大家提過，類似的指標，只需要一個就好，所以如果要判斷股票的短期趨勢，5、10、20這3條均線，其實只需要留下一條就好。60及MA120可視為中線，同樣的，60與120這兩條均線也只需要留下一條即可。MA240則為長線。短中長線的走勢，也反映個股（或是其它投資標的）在對應時間內的股價發展態勢。

◎ 作多？不要碰年線向下的個股

　　移動平均線最好搭配短中長期的線形一起看！我建議短線用月線，搭配代表中線及長線的季線、年線。其餘的線，你可以暫時先忽略，因觀察的資料太多，往往只會製造混亂，而得不到更好的效果。而短中長線的組合包括以下 8 種，我們可以以此找出趨勢向上的股票。

2-1 短中長均線組合與操作方向

操作方向	均線組合
作多	① 長多、中多、短多
	② 長多、中多、短空
	③ 長多、中空、短多
作空	④ 長空、中空、短空
	⑤ 長空、中空、短多
	⑥ 長空、中多、短空
狀況不明	⑦ 長多、中空、短空
	⑧ 長空、中多、短多

①長多、中多、短多：此時該股票年線向上（長多）、季線向上（中多）、月線向上（短多），若該股票處於這樣的型態，則代表了目前該股票的趨勢不但長線看好，中短線也是同步看好。

②長多、中多、短空：此時該股票年線向上（長多）、季線向上（中多）、月線向下（短空），此時表示該股票因先前上漲了一陣子，目前短線上開始拉回修正，但由於中長線走多，代表中長線這檔個股仍是看好，所以此時你要做的，當然是趁該股票出現拉回時，逢低找買點。

很多投資人在股票上漲時不敢買，一路看著它漲，心想等待股票拉回修正時再逢低買進。等拉回是對的，但你一定要注意，前提是該檔個股中長期仍是看好的，也就是長線及中線仍維持向上的走勢。否則拉回買進的動作，反而會被套在半山腰。

③長多、中空、短多：此時該股票年線向上（長多）、季線向下（中空）、月線向上（短多），這樣的股票處於長線看好，但可能因為先前漲了一大波，而出現明顯的中期波段修正（通常會長達 1 季以上）。在經過拉回修正之後，因為修正的時間或空間足夠了且長期趨勢仍看好的情況之下，

所以短線開始出現了反彈。

要注意的是，中線尚未翻多之前，短線上的反彈仍無法改變該股仍處於修正打底的情況。因此我們必須要有它可能在低檔徘徊相當長時間的心理準備。

但因為長線仍是看好，因此出現這樣的均線組合的股票，很有可能會讓投資人在上升趨勢之中，找到相對較便宜的買點。此外，如果投資人有在低檔買進，出現長多、中空、短多的均線組合，也就形成一個還不錯的加碼點。

④長多、中空、短空：此時該股票年線向上（長多）、季線向下（中空）、月線向下（短空）。如果你遇到這樣的情況，要特別的小心，因為在不久之後可能成為情況 5或情況 3。

往往股票由多頭轉為空頭的初期，都會經過這樣的一個模式，此時屬於多空不明的走勢，也因此並不建議在此時冒然進出，這是情況 3 的前期走勢，該股正處於漲多之後中期拉回修正的初期，待下跌一個波段與一段時間之後，才會出線短線反彈而成為情形 3 的長多、中空、短多模式。

你不要在此時冒然買進該檔個股，除非有更多的明確

訊號，能證明未來該檔個股還會再度走揚，否則寧可等到月線或季線翻揚之後，再進場買進。

如果該股票後來出現走揚的情況，就會形成長多、中空、短多的模式。

⑤長空、中空、短空：此時該股票年線向下（長空）、季線向下（中空）、月線向下（短空），這與情況1剛好是完全相反，該檔個股處於長、中、短期皆為下跌的走勢。是非常標準的空頭格局，通常抱的愈久也會虧的愈多。對作空的投資人而言，就是一個很好的選擇標的。

⑥長空、中空、短多：此時該股票年線向下（長空）、季線向下（中空）、月線向上（短多）。該股為空頭走勢，在空頭之中跌多了總會出現短線的小反彈，但完全不會改變空頭的趨勢。請大家記住，此時千萬不要冒然進場搶短或是想逢低攤平，因為整個下跌趨勢仍持續存在。

為什麼在這樣的情況下不可以搶反彈？因為股票在下跌的態勢之中，投資人容易因恐慌而反應過度，也許某個時點稍漲一點，就出現大量的殺盤。如果在搶反彈的過程中，跑的不夠快，買的不夠低，那麼很容易被套牢。

你不妨想想在下跌趨勢中被套牢的下場哦！

⑦長空、中多、短空：此時該股票年線向下（長空）、季線向上（中多）、月線向下（短空）。是適合放空的均線組合。

空頭走勢之中，因為跌幅已深，因而出現中期波段的跌深反彈。不過由於月線向下，代表其反彈已經結束。也因此無法影響長線的趨勢。季線很容易出現反轉向下的情況。容易再度出現另一波的下跌，此時比較適合空方再一次進場放空。

如果你想在這個情況下搶短，我想被套的機會是很高的。

⑧長空、中多、短多：此時該股票年線向下（長空）、季線向上（中多）、月線向上（短多）。是空頭趨勢（再一次提醒，判斷多空趨勢的唯一指標就是年線，年線向上是多頭，年線向下是空頭）的中期反彈。

股價在經過長時間的下跌後，會出現年線價格（240日以來的平均股價）與股價差異過大的情況（簡單的說叫做乖離過大）。因而容易出現較大幅度的中期反彈。

此時可能出現兩種變化，一是空頭仍持續不變，發展為長空、中多、短空。在長期空頭的趨勢下，既然難得出現大幅度的反彈，必然是多方停損或減碼千載難逢的好機會。

當然，如果股價持續走高，就會變成短中長皆多的多頭趨勢。畢竟任何一檔個股要由空頭轉成多頭，都必須先經過這個模式。

若是你無法區分該檔個股未來會走那一種情形，那麼，仍不建議在此時冒然買進。等到確認底部型態出現後，再買進也不遲。

看完了上述 8 種模式之後，相信你（其實多數投資新手也是一樣）一定覺得有點混亂、很難記清楚，沒關係！有簡單的訣竅可以幫助你！

總而言之，在年線向上，而月線及季線至少有一向上的情況下才買進。相反的，想要作空，則先選擇年線向下，而月及季線至少有一條向下。

除非你是以極短線進行操作，否則一定記得要隨時檢視目前手中股票的趨勢，是否跟你所做的方向一致。

上述這些都只是移動平均線的應用初階方式，接下來我們要進一步說明移動平均線的原理以及進階的應用。

在台灣很多投資人多多少少都懂一些移動平均線，然

而一般人在似懂非懂的情形之下，反而容易變成了主力法
人作線出貨的對象。在我看來，移動平均線其實是一門很
不容易學好的技術指標，並且因為它的重要性極高，所以
如何把移動平均線學的好，便是需要內行人來指導了。

🎯 如何預測移動平均線的走勢？關鍵在扣抵

　　若要學習移動平均線，就一定要把移動平均線的扣抵
徹徹底底的搞懂，否則你沒有辦法用過去的資料計算或畫
出未來的移動平均線，也就無法預測該個股未來的走勢。
在這樣的情況下，投資人就好比是瞎子摸象，只能瞎猜。
投資的勝率低是可以想見的，所以請你一定要把移動平均
線的扣抵學好。以下用某虛擬股票的 5 日移動平均線資訊
說明均線扣抵的觀念。

2-2 均線扣抵的範例

1月1日	1月2日	1月3日	1月4日	1月5日			5日平均值
100	95	99	105	109			101.6

1月1日	1月2日	1月3日	1月4日	1月5日	1月6日		
100	95	99	105	109	116		104.8

1月1日	1月2日	1月3日	1月4日	1月5日	1月6日	1月7日	
100	95	99	105	109	116	126	111

資料來源：作者整理

　　何謂 5 日平均線（MA5）呢？它就是「5 天」的收盤價平均值，我們先從圖 2-2 來看，我先假設台股每日均開盤（包含六、日），我們看到在上圖 1 月 1 日至 1 月 5 日的收盤價各是 100 元、95 元、99 元、105 元、109 元，因此在 1 月 5 日那天所謂的 MA5 便是 (100+95+99+105+109)÷5=101.6 元，也就是 1 月 1 日到 1 月 5 日這 5 天收盤價的平均值。

　　然而到了 1 月 6 日時，MA5 該如何計算呢？便是從 1 月 6 日往前 5 天的收盤價平均，所以我們要參考的便是 1

月 2 日至 1 月 6 日這 5 天了。MA5 就是每日計算當日及前 4 個交易日的平均值（共 5 天），MA10 就是計算當日及前 9 個交易日的平均值（共 10 天），所以我們再來看表 2-2，1 月 6 日的 MA5 是 $(95+99+105+109+116) \div 5 = 104.8$ 元。同樣的道理，1 月 7 日當天的 MA5，就是計算 1 月 3 日至 1 月 7 日的平均值 $(99+105+109+116+126) \div 5 = 111$ 元。往後的每一天，只要有開盤，都能計算出當天的 MA5。

最後我們再把每日的平均值連成一條線，便是 5 日「移動」平均線了，我特別把移動兩字框起來，便是要告訴你，均線會一直不斷的移動，因為每日都在開盤，所以這條線不是往上移動，就是往下，不然就是持平。

往上代表這檔個股過去 5 天的收盤價格慢慢變高了。這有兩層意義，一是股票的短期趨勢正在向上，二是代表了所有投資人買進該股票的成本越來越高，換言之，當投資人買高了，當然就希望賣的更高才能有獲利。

這和之前提到的房地產投資是一樣的，房地產價格一路從 20 萬漲到 30 萬、40 萬。以 40 萬成交的人雖然也知道他買的比過去高，房價一路在上漲，也因此希望房價能維

持漲勢，而能賣在 50 萬、60 萬甚至更高的價格獲利了結。

移動平均線向上會推動漲勢，所以它有助漲的效果。因為大家越買越貴，所以也都想要越賣越貴。 短線上多數的投資人都希望等到價格上漲才要賣出，此時願意用低價賣的人變少，願意用高價買的人變多，股價自然容易上漲；反之如果移動平均線是下跌的，代表股價一日日走低，因此原來打算進場買這支股票的人會觀望，看會不會跌到更低。至於已經進場的人，則不是被套牢的就是獲利開始減少，他們會擔心股價持續下跌會擴大損失或減少獲利，所以必然有人會開始賣出手上的股票。也因此移動平均線趨勢往下，除了代表股價走低的現況，也有助跌的效果，加速下跌趨勢的作用。關於這個結論你一定要牢記在心！

如果均線的上漲或下跌除了代表現況外，也有助漲、助跌趨勢的作用，那麼預判均線的走勢就成為投資必修的學分。這是為什麼一定要徹底搞懂均線扣抵的原因。你可以運用均線扣抵的原理來預測出一檔個股未來幾天、幾星期、甚至幾個月之後的均線到底是向上、向下還是持平！如果你發現一檔股票未來均線將向上發展，那就代表股價仍有很高的機會走高，也因此持有該股票就會賺錢了。

　　以上表為例，我們要如何預測 1 月 8 日的 MA5 會不會持續往上呢？其實很簡單，我們再來看一次 1 月 8 日的 MA5 怎麼來，是不是從 1 月 4 日到 1 月 8 日的股市收盤價的 5 天平均值呢？你發現了嗎，在 1 月 7 日收盤當天，我們如果要預測 1 月 8 日的 MA5，其實只要刪除 1 月 3 日當天的收盤價 99 元，再加上 1 月 8 日的收盤價，再加以平均就可得到結果了。

　　你一定會問，誰會在 1 月 7 日知道 1 月 8 日的收盤價？雖然在我們無法預知次日的收盤價。但是我們可以確定到了 1 月 8 日那天，1 月 3 日的收盤價會被刪除（99 元）。因此我們心裡明白，只要 1 月 8 日的收盤價比 99 元高（假設 128 元），MA5 便會持續往上漲（原來的平均數減去低值 99 元，加上高值 128 元，再加以平均）。

　　以上是非常重要的觀念！如果你還沒搞懂請務必重覆多看幾次把它搞懂，否則後面的內容你更會搞不清楚。

　　你可能會接著問，你怎麼會知道 1 月 8 日的收盤價會高於或是低於 99 元呢？如果連隔一天都無法預測，更別說怎預測未來幾天、幾週了。這答案其實很簡單，1 月 7 日的收盤價是 126 元，台股一天最多漲跌幅就是 10%，換言

之 1 月 8 日該股票就算跌停，收盤價也會有 113.4 元，仍大於 1 月 3 日的 99 元。所以我可以百分之一百跟你肯定，1 月 8 日的 MA5 仍會持續向上，懂嗎？

同樣的道理，計算 MA10 就是把 1 月 1 日到 1 月 10 日這 10 天的收盤價加總，除以 10 算出 10 天的平均值。要預測 1 月 11 日 MA10 的走向，便是刪除 1 月 1 日的收盤價然後加上 1 月 11 日的收盤價加以平均，並比較前一天的平均值。同理，1 月 12 日的 MA10 數值，就是刪除 1 月 2 日的收盤價，加上 1 月 12 日的收盤價加起來除以 10。

一旦我們發現隔一天的收盤價，就算是跌停都不會比要刪除的那天收盤價更低時，我們就可以很肯定的知道移動平均線仍會持續向上走。所以，移動平均線絕對是可以預測的，只是沒有人教你怎麼去預測；當大家都把上面的扣抵觀念搞懂之後，我們接下來便要進入實戰的運用了。

⊙ 選股步驟一：挑選年線向上個股

坊間的書大多只是把技術指標的定義、公式告訴大家，頂多簡單的告訴大家基本用法，但在這本書中，你將會學到完全實戰的運用，我不教你公式、也很少跟你講定義，因為懂得如何運用，如何一天就讓你學會勝率高的投資方法，才是你看此書的目的。好了，請你跟著我一步驟一步驟來。

首先你如果要作多，**第一步請挑選年線向上的股票**，年線向上就代表了該股票的長期趨勢向上，也代表了基本面從谷底到復甦，或是由復甦到成長，或是由成長到高原，時間對你是有利的。換言之，就算投資人短線上被套牢了，只要抱的住，你有很高的機會可以獲利出場。

　　右圖為同欣電的技術分析圖，該圖的移動平均線就是年線（MA240）。圖中 MA240 旁有 111.49 ↑ 的標示，代表過去 240 個交易日的收盤平均值是 111.49 元，↑ 的符號即代表年線目前是向上的。技術指標圖在 MA240 旁有 ↑，基本上代表這個個股符合了選股的第一個條件。

　　看到這裡，悟性高的你一定會在心裡打個大問號，可能會心想：

　　「雖然我現在看到的個股年線是向上的，例如：同欣電，但我怎麼知道我買進後，隔天它的年線不會就變成向下了？」關於這個問題，就是我接下來要跟你談的選股第二個步驟了。

2-3 年線不向上就不要考慮買進：以技術分析軟體年線旁出現
↑記號，就代表年線向上

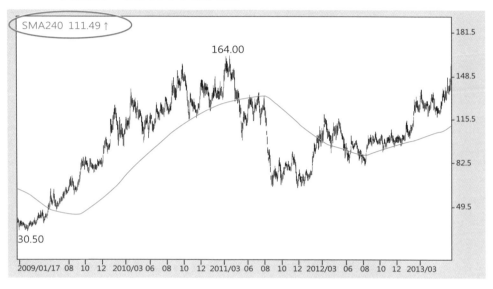

簡單移動平均線（Simple Moving Average；SMA），指以算數平均數計算
股價平均數所產生的移動平均線。本書所述之移動平均線皆為 SMA，簡稱 MA。

資料來源：嘉實資訊

艾致富老師小提醒

　　由於多數投資朋友都有股票看盤軟體，因此要選擇符合
年線向上的個股，只需要透過看盤軟體，觀察 MA240 的數
值後面，是否有出現向上的符號。一旦有出現如同欣電一樣
『↑』的符號，那即代表了年線是向上的。

　　本書中所指的年線，皆是以 240 天為參數，若你使用的軟體
的年線參數，並非是 240 天，那麼請記得先將參數調整為 240 天。

🎯 選股步驟二：判斷年線在未來一個月是否持續向上

　　要如何確認一檔個股未來一個月的年線是否持續向上呢？這個問題的解答就要運用到剛剛我所提到的均線扣抵了。大家看一下圖 2-4，同欣電在 2013 年 7 月 2 日收盤價為 158 元。另外在圖中的十字線座標最底下所對應的日期是 2012 年 7 月 12 日，當天的收盤價是 86 元左右。大家可以看一下十字線的最左邊有個開、高、低、收，代表便是 2012/07/12 的當日開盤價 91.8、最高價 92.7、最低價 91.3、收盤價 92。

　　由股票網站或是看盤軟體所顯示的年線扣抵位置，你可以了解每支個股當天 MA240 的數值是如何計算出來的。以同欣在 2013 年 7 月 2 日為例，MA240 是從 2012 年 7 月 12 日到 2013 年 7 月 2 日這 240 天的收盤價相加除以 240，其平均價位是 111.49 元。

　　問題是你如何能確認同欣電在未來一個月之中，MA240 的數值都能持續向上？你要判斷 2013 年 7 月 3 日 MA240 是否向上很簡單，看看 2013 年 7 月 3 日的收盤價

2-4

同欣電(6271)日線圖2013/7/2 開154.00 高159.00低152.00收158.00s元 量2846張+4.00(+2.60%)

SMA240 111.49 ↑

開	91.80
高	92.70
低	91.30
收	92.00

資料來源：嘉實資訊

是否可能低於 240 天前 2012 年 7 月 12 日的收盤就可以（92
元）。問題是有可能嗎？7 月 2 日收在 158 元，就算隔日跌
停也不會低於 92 元。於是你知道 7 月 3 日 MA240 仍然向上。

　　同樣的，如果你要推測未來一個月 MA240 是否會持
續向上，你只要去看看 2012 年 7 月 12 日後 20 個交易日
的收盤價（為什麼是 20 日？不要忘了 MA20 就是月線，
不要用 30 日去計算），這個資訊也不難找，那天是 2012
年 8 月 10 日，股價收在 96.3 元。大家請記住這個數字，
只要同欣電的股價在 2013 年 7 月 2 日以後 20 個交易

日，股價都不跌破 96.3 元，那麼 就可以確保在一個月內 MA240，也就是年線都會向上。

由於 2013 年 7 月 2 日收在 158 元，在 20 個交易日內要跌到 96.3 元，至少要大跌 39% 以上才有可能。由於年線是持續向上的，因此會有助漲的功能，所以同欣電更是難以出現大跌了，這個機率其實是很低的。所以你就可以確認這支股票不但年線向上，未來一個月年線也應該會持續向上，因此同欣電就是符合選股的前兩個要件了。

1、年線向上。

2、未來一個月年線將維持向上的趨勢。

寫到這裡，如果你仍是搞不太清楚我在說什麼，請務必把均線扣抵的內容再多看幾次，直到你完全瞭解後再繼續閱讀下去。

學到這裡，我希望你務必先把你手中有的持股或是你想要買進的股票拿出來檢查一下，確認你作多的個股，是否符合上面兩個選股步驟？若是有，恭喜你，買了一支安全的股票，若是沒有，要提醒你，手中的股票可能只適合做短線，更多時候它很容易讓你賠錢，除非投資人有更多的理由，可以相信這些個股未來有很大的機會會上漲。

⊙ 選股步驟三：確認月線及季線至少其一為向上趨勢

　　符合前述兩個步驟的股票，基本上都可以預見其股價向上的趨勢。不過用年線來選股，因為其變化太慢，因此往往股價漲或是跌了一大段年線才會反應。所以你必須透過更短天期的均線，來貼近該股票近期的走勢。因此你要把月線或是季線納入考慮。當然，在進入下一個選股步驟時，你最好重新設定你的看盤軟體，讓它顯示MA20（月線）及MA60（季線）。

　　你還記得前面提到適合作多的均線組合嗎？不妨再複習一下。

　　適合作多個股均線組合類型：（年線向上加上月、季線至少一條向上）

　　長多、**中多、短多**
　　長多、**中多、短空**
　　長多、**中空、短多**

　　以2013年7月2日同欣電來看，它屬於長多、中多、短多的類型。這就是一種適合作多的股票。但是往往當年、季、月線都同時呈現上漲時，很多個股的股價，也可能早

已經先往上反應一大段了。

當然若你認真的找，還是有滿多機會可以找到年、季、月線同時向上，但股價還在盤整或是才剛開始微微上漲的個股，這最大的原因乃是在於台股上市櫃股票太多，但成交量太少所造成。

不過在實際投資股票的過程中，線型愈漂亮也往往代表它的風險愈高，這道理很簡單，因為漲多了技術線型就會漂亮，還有主力、法人喜歡利用漂亮的線型來出貨。所以，在許多時候你可以退而求其次的選擇年線向上、季線向上、月線向下的個股或是年線向上、季線向下、月線向上的個股。

有時候你會透過新聞、親友或是任何管道，得到某些個股可以買進的消息，但請你在買進前，還是多花一點點時間對照一下這檔個股是否符合前三個選股步驟。

既然談到了第三個選股步驟，有一個在移動平均線使用上非常重要的觀念，你務必要知道，那就是要千萬特別注意**年、季、月線三線糾結在一起的個股**。

往往一檔個股出現了年、季、月線糾結在一起（如圖

2-5 圈起來的地方），代表了長線、中線、短線目前都處於多空均衡的狀態。倘若在未來的一陣子，股價突然向上突破 3 條均線，那麼隨即不久之後，你就會看到月、季、年線開始同步向上。也造成此個股很快地就形成，長、中、短期都向上的多頭排列個股，而這個突破點，一般我習慣稱它為關鍵性的 K 線，也成為個股波段上漲的起點。

2-5 三線糾結是值得注意的現象

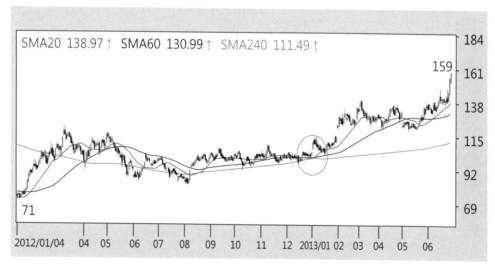

SMA20 138.97↑ SMA60 130.99↑ SMA240 111.49↑

資料來源：嘉實資訊

　　反之，若股價突然向下跌破了 3 條均線，該檔個股將很快形成了，長、中、短期均線皆向下的空頭排列個股。以上頁圖同欣電的例子也可以看到這樣的情形，圈圈處發

生月、季、年線 3 線糾結的情形。

不過這 3 條均線要靠得多近才能算是 3 線糾結？**一般我建議，在股價一根漲跌停的幅度內，可以同時向上突破所有均線，或是向下跌破所有均線，就可以稱為糾結。**當然也不要太拘泥一定要剛好在 10% 的幅度以內，如果真的只是差一些些，仍可以視為均線是糾結的。

所以你如果想要縮小選股範圍，可以試著觀察年線向上，而又發生三線糾結的個股。只要它在出現這樣情形之後的一個月內，出現了明顯的攻擊量能（這部分我會在步驟四來跟大家談）、股價當天大漲超過 3% 以上，並且創下近 2 ～ 3 個月的新高價，那麼這支個股有很大的機會，會出現一大波漲幅，所以任何的拉回量縮，都是進場的好時機喔！

在正式進入步驟四的選股之前，我先來幫你弄清楚黃金交叉與死亡交叉的定義，因為它將會運用在移動平均線及之後我陸續提到的各種技術指標的判斷上。

🎯 黃金交叉與死亡交叉

　　黃金交叉與死亡交叉，一直都是很多投資人在使用技術分析時會運用到的，但往往越常使用到的方式，就越多人會學錯。也因此雖然本書的重心，是在選股步驟上的教學，但我還是認為有必要把正確的觀念傳達給所有投資人。

　　關於黃金交叉，我常看到這樣的解說方式：所謂黃金交叉就是短天期的均線向上穿越長天期的均線，我必須說，這樣的解釋方式是大錯特錯，因為真正的黃金交叉一定要注意兩個重點：

　　1、短天期均線向上穿越長天期均線。

　　2、短天期均線與長天期均線須同步向上。

　　許多投資人甚至專家，常犯了一個錯誤，就是只看到短天期均線向上穿越長天期均線，就認為是黃金交叉，其實這是一個非常大的誤解。從圖 2–6 來看，左上角的 MA5(短天期) 向上穿越了 MA10(長天期) 均線，**且 MA5 與 MA10 是同步向上走的**，這就是標準的黃金交叉，然而右上角這種狀況雖然 MA5 向上穿越了 MA10，但此時的 MA10 是往下走的 (並非同步向上)，這便不能算是黃金交叉。

2-6 黃金交叉與死亡交叉

黃金交叉：短天期均線穿越長天期均線，且同步向上

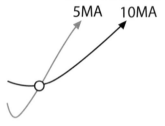

5MA　10MA

方向不同，為無效交叉

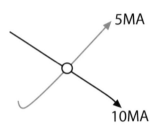

5MA

10MA

死亡交叉：短天期均線跌破長天期均線，且同步向下

5MA

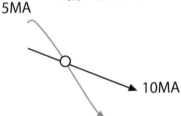

10MA

方向不同，為無效交叉

10MA

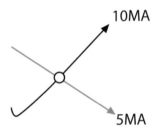

5MA

與黃金交叉相反，但死亡交叉一樣有兩個條件皆要符合：

1、短天期均線向下穿越長天期均線。

2、短天期均線與長天期均線須同步向下。

圖 2-6 左下角的情況便是死亡交叉，而右下角則不是（因為 10MA 仍是向上）。

搞懂了黃金交叉與死亡交叉後，接下來我再來跟你談談成交量。

成交量在技術分析領域中，一直都是非常艱深、令人難以完全領會的一門學問，你其實會發現，幾乎每一個投資專家對於成交量，在不同時期、不同個股、上漲或下跌，都有不同的解釋。

有時一檔個股下跌時無量，會有專家說下跌量縮是好事，但同時也會有專家說，下跌無量是沒有買盤承接，所以還會續跌，這也導致了既然成交量的判斷沒有一定的標準，自然就成為了「隨人解釋」的一種技術指標了。

在本書之中，我並不打算跟你談我對成交量的判斷方式，因為本書的重點一直都是放在 5 大選股步驟，而非技術分析教學。也因此有關成交量的說明，也僅止於與本書主題密切相關的移動平均量及相對性成交量的觀念。

何謂相對性成交量？簡單來說，一檔個股也好、大盤也罷，無論是上漲或是下跌，成交量都必須配合多方或空方來一起判斷，當個股或大盤屬於上漲的多頭趨勢，那麼成交量也必須表現出有利於多方的型態，反之空頭趨勢亦然。

倘若股價與成交量配合不起來，就很容易形成股價本

來要漲但因為成交量不配合，所以就漲不動的情況。換句話說，一旦股價本來要行進的方向與成交量走勢不搭，就會導致這檔個股，只能維持盤整整理格局，甚至反轉下跌。

然而，一檔個股在上漲時到底需要多少成交量？才能算是量能有跟股價搭配，這往往又成為見仁見智的說法，因此我透過了成交量中的均線，也就是一般所稱的移動平均量，來幫助你去分辨以下情況：

一、怎樣的量能算是具備多方的攻擊量？

二、怎樣的量能只能算是多方的防守量？

三、又是怎樣的量能是股價與成交量出現矛盾的現象？（此時股價就容易陷入盤整或出現反轉）

一旦你利用這個方式來判斷，成交量就很容易化繁為簡，因為當股價上漲時，成交量只需分成上述三種狀況來討論就好，我稱這種不需要一定數字來判斷成交量的方式，就叫作相對成交量。利用相對成交量，你可輕易的去判斷，個股上漲是否有足夠的動力。

如果你瞭解了我的相對成交量概念後，緊接著就是要進入選股步驟四了。

🎯 選股步驟四：把握 3 日移動平均量與 18 日移動平均量出現黃金交叉的當下

　　當投資人依照選股步驟一、二、三選出個股，此時這些個股我稱之為，「符合上漲趨勢，準備等待上漲的個股」，也可以稱之為「萬事俱備、只欠東風」。這些個股皆是很明顯地屬於長期的多頭趨勢，同時具備了短線或波段的攻擊態樣，但僅僅是這樣還不夠。

　　因為此時的個股就好比萬事俱備一樣，但還欠了一個非常重要的東風，而這個東風就是成交量了。東風是個關鍵點，好比導火線一般，即便事前準備的再充分，若欠缺了東風，一樣會失敗收場的。股票市場也是一樣，經過了前面 3 個選股步驟，投資人已經由約 1,600 檔個股中，篩選出屬於適合作多的個股。但適合作多不代表主力、法人就會進場拉抬。好比基本面好的個股，主力、法人也不一定會進場拉抬是一樣的。

　　那你如何找到適合作多而已經有主力、法人進場拉抬的個股？主力和法人有很多方法可以進場，但是方式可以千變萬化，但唯一不會改變的，就是一定會有資金來買進。

顯現在技術分析裡，就是成交量的變化了，因此選股步驟四的主要用途，是判斷東風起了沒有。

在前述內容，我提到了相對成交量，選股步驟四主要就是要尋找出一檔個股，是否背後有足夠的錢（籌碼）來推升股價上漲，也就是我所稱的多方攻擊量，

一檔個股即便大漲或漲停，但是沒有足夠的量能，這代表主力並未進場，因此很容易只有一、兩天的行情。投資人若此時買進該股票，很容易又被卡在盤整之中而動彈不得，所以你必須透過選股步驟四，來找尋具備多方攻擊量的股票，那到底你怎麼去找尋具備多方攻擊量的股票呢？透過移動平均量就會是最簡單又相對準確的判別方式了。

當個股符合第一到第三步驟的條件後。3 日移動平均量（短天期）與 18 日移動平均量（長天期）發生黃金交叉當天，則代表這支個股具備了多方攻擊量的條件。有關於步驟四的篩選要注意時間性，最好在發生黃金交叉的 3 天內（超過太多天很有可能此股票已經漲了一大段了）。 如圖 2-7 的中纖，大家可以看到第二欄技術指標為成交量，中纖在 2013 年 7 月 5 日當日的 MA3(3 日均量) 為 8486 ↑、MA18(18 日均量) 為 3988 ↑，並且出現了以下情況：

一、MA3 向上穿越 MA18（短期均線向上穿越長期均線）。

二、MA3 與 MA18 同步向上。

　　這就是標準的成交量出現了黃金交叉，而且眼尖的讀者應該有發現到，這支股票的月線（MA20）、季線（MA60）、年線（MA240）都是同步向上的，所以這支股票是不是完全符合我所提的步驟一至四了呢？也難怪它當日漲停了。

2-7 符合步驟一至四的個股，以中纖為例

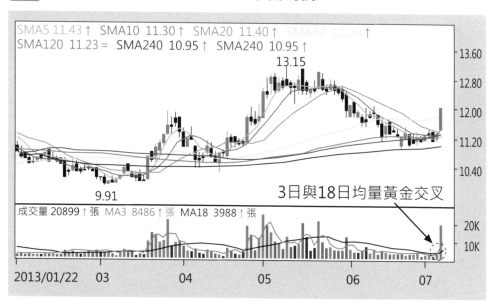

資料來源：嘉實資訊

我相信很多人都學過移動平均線與成交量，但當你們閱讀到這裡時，可能會想為何我以前明明都學過這些指標，卻不知道移動平均線與成交量可以這樣組合使用。看似簡單的把這兩種指標拿來組合，事實上，我相信多數人都不曾這樣組合運用過。

　　我在教學的過程之中，發現台灣有超過半數的散戶都學過技術分析，但散戶們學習的技術分析，絕大部分都是學單一指標的定義、判別方式。卻很少、很少有人懂得如何將技術指標組合運用。

　　不過在實際投資上，若投資人僅僅只懂得指標的定義與個別的判斷方式，卻不知如何組合運用，有學其實等於沒學。這好比學習武功一樣，如果你每個門派的功夫都只學其中的一個招式，那臨陣對敵是必敗無疑。

　　必須把整套的武功從頭學到尾，招式與招式間要能相互串連，更要知道，敵人出什麼招你要用什麼招式來應對。如果我這個比喻你聽懂了，就會發現技術分析其實主要學的是指標的串連與組合。以及在何種情況之下要用何種技術指標，如果學的更精深，更會懂得不同股票用不同指標，只要你懂得如何去組合運用你學到的技術指標，你的技術

分析功力必然會大增，所以若是你所學的技術分析無法讓你穩定賺錢，往往問題不在你學的不夠多、不夠獨門，而是在你並不懂如何組合。

透過前面你所學到的選股步驟一至四，我敢說你在這個市場上，已經贏過 60% 使用技術分析的人了，而這 60% 的人之中，不乏許多學了一堆高深的技術分析。但事實上在股票市場中，不是學得愈多就會愈厲害，就像我剛剛所舉學武功的例子一樣。你東學一點、西學一點，還不如從頭到尾學精一個門派的功夫。

市場上很少有專家願意用實戰的角度，一步一步的教投資人如何去組合運用每個技術指標。畢竟絕大多數的股市贏家都有私心，沒有人會希望把自己能賺錢的方式完整的教給一堆人。甚至我也敢跟你說，檢視一下自己手中的持股，完全符合這四個步驟的個股應該不多，甚至都沒有，而不符合 1 ～ 4 選股步驟的股票，是不是大多都是賠錢的？現在你應該可以些微感覺到，為何多數散戶買股都會虧錢，因為根本沒有一個完整的投資觀念、技術、邏輯，不是嗎？

學完了前面 4 個選股步驟之後，原則上你挑選的股票已經是具備長線上漲趨勢、波段或短線攻擊態樣，並且具

有主力、法人或是作手的介入支持。不知道你學到這裡，覺得這樣的一檔個股是否已經具備足夠的飆漲條件呢？其實，原則上是已經差不多了，但有的時候，當這一切條件都具備時，卻很有可能是主力法人刻意製造出來的假像，來誘使你及其他投資人買進。

因此，接下來的步驟五，便是檢視主力、法人是否也跟我們一樣是真的看多這支股票，還是只是假藉製造漂亮的技術指標，來誘使投資人買進，以達到高檔出貨的目的。

而第五個步驟，除了是替你的選股多買一道保險之外，還有一個更大的好處，那就是可以讓投資人買到相對比較強勢的個股。

在我正式介紹第五個步驟前，下一章先來幫大家建立有關相對強弱指標（RSI）的正確觀念。

CHAPTER 3

用相對強弱指標(RSI)
判斷主力動向

>> RSI13 反映主力的多空心態，RSI6 則代表
主力介入的深淺。

和本書前面幾章一樣，我不打算和你多談理論上的相對強弱指標（Relative Strength Index；RSI）定義，因為這些定義大家在許多書籍上都可以輕易查詢的到。因為我更愛用實戰的角度，來給 RSI 另一種定義的方式。RSI 簡單來說，就是判斷在股市的多空之戰中，是由多方或是空方掌握主導權。

換言之，經過前面四個步驟挑選到的一支好股票，如果目前由空方掌握主導權，那麼可以預見的，這支股票能上漲的幅度必然是很有限的。而且有極大可能，那是空方誘使投資人買進，之後再把籌碼倒給你、讓你套牢。這便是你聽過的養、套、殺中的『養與套』。

所謂的養、套、殺可區分為 3 階段，第一階段為養（誘使你買進）、第二階段為套（股價開始拉回，但此時的投資人，卻以為只是漲多的拉回而逢低買進）、第三階段殺（股票開始一路下跌，逼使你最後殺在最低點），為了避免投資人誤入了空方所設計的陷阱之中，所以你便須透過 RSI 來預防了 。

好了，談到這裡，我趕緊帶你瞭解，如何透過 RSI 這個技術指標，來瞭解主力、法人的心態與動向，進而讓你可以買到多方主力、法人看好的標的，並且最重要的是，如何去避開空方所設計的陷阱。

⊙ 與主力保持同向操作

　　RSI 一般人常用的參數為 6 天與 12 天，但在本書中，我希望你使用的參數是 6 天與 13 天，即是股票軟體中的 RSI6 與 RSI13，那麼 RSI6 與 RSI13 到底有何差別呢？我要請你記住，**13 日的 RSI 代表的是主力與法人的真正的動向（在這裡我稱 RSI13 叫作「主力動向」）**。因此在一開始談到 RSI 這個指標時，我便要告訴你，必須利用 RSI13 來判斷主力、法人的真正動向。

　　因為如果主力、法人對於該檔個股是看多的，此時在 RSI13 中就會顯示出多方控盤的態樣，此時的股價若是上漲的，代表該股價上漲是合情合理，也可以說是名符其實。但倘若股價當時是下跌的，而 RSI13 卻顯示多方控盤的態樣呢？代表股價是跌假的，此時的股價下跌是多方設計的陷阱，要讓投資人以為這檔個股會繼續下跌而去放空它，或是認為它會繼續下跌而把手中本來有的股票低價賣出，達到多方主力、法人清洗籌碼或誘空的目的。

　　所以你不但在買進一檔股票前，要利用 RSI13 來觀察主力與法人是否也站在多方，在買進後，也同樣要不時利用 RSI13 來檢查主力的動向是否改變。如果發現他們的立

場與你不同，那麼就要小心了。

而 6 天的 RSI，則是告訴我們主力、法人作多的積極度，那麼他到底只是有點看好？還是普通看好？還是非常看好？（在這裡我稱 RSI6 叫作「積極度」或「深淺」）。

從 RSI13 與 RSI6 你就可以發現，它們的用途是不一樣的，甚至重要性也不一樣。趨勢方向的重要性是遠遠大於積極度或深淺的，因為當投資人買進的個股趨勢方向與主力、法人是相反的時候（例如：投資人作多大立光、主力作空大立光），那麼投資人即便透過先前的四個步驟，挑選到再好的股票，最後的結果，通常都只是賠多或賠少的問題而已。然而，如果投資人選擇了主力、法人作多的股票，即使背後的主力，法人並沒有那麼積極作多，對於投資人而言，頂多是賺的比較少一點而已。

所以，你要知道，積極度的影響只是賺多或賺少、賠多或賠少的問題，而趨勢方向是決定投資人買進這檔個股是賺錢還是賠錢，所以你務必先把這個觀念搞清楚。

當你瞭解了 RSI6 所代表的意義是積極度或深淺，在選股上，當然就是盡量選擇主力積極度較強的個股，捨棄或

不買積極度較弱的個股，相信這樣的觀念你應該是可以很
容易就接受的。

接下來，我就要來告訴你，如何運用 RSI，去判別一
檔個股的趨勢與力道。

3-1 RSI 指標在 **50** 以上代表多頭，**50** 以下代表空頭。而 **70** 以
上為多方強攻區（多方強勢進攻區簡稱），代表方多積極
操控市場。

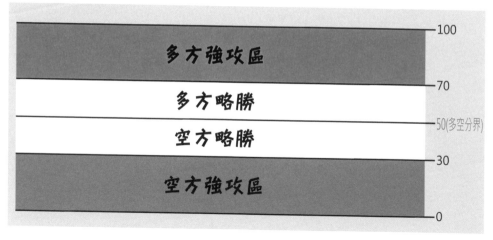

資料來源：嘉實資訊

RSI 是一種區間指標，最高點為 100，最低點為 0，
因此 50 這個點位，便是多空的分界點了。50.01 ～ 100 為
多頭、0 ～ 49.99 為空頭，如果代表趨勢的 RSI13 ＞ 50，
便代表了目前的趨勢是走多的（也代表目前該股票的漲跌

是由多方在控盤），而我再把 70 ～ 100 用紅色框起來，70 ～ 100 代表了「多方強攻區」，一旦 RSI13 進到多方強攻區，代表了該股多方的進攻趨勢非常強烈。請你務必記住這句話，因為坊間所有的技術分析書籍，都告訴投資人 RSI 在 70 以上，該指標代表過熱、屬於超買，因此投資人應該要賣出股票，但我在本書中一開始就跟大家談到技術分析的最原始觀念，技術分析做的是趨勢、做的是追高殺低，**RSI13 一旦能進到多方強攻區，已經告訴了你，該股票的多方企圖心是非常強烈的，此時你更該緊緊抱牢才是**，怎能如坊間書籍做賣出呢？

相反的，當 RSI13 跌到 30 ～ 0，則代表股票進入空方強攻區。代表該股作空的趨勢非常強烈，但坊間所有的技術分析書籍，都告訴投資人該指標過低、屬於超賣，因此投資人應該要逢低買進，我還是要說，這是一個錯誤的觀念，難怪這麼多投資人都學過技術分析，卻仍是賠得慘兮兮，我只能說真正的高手大多會留一手，每個人都學一樣的技術就不叫技術了。

因為股票投資中，90% 以上都是輸家，只有不到 10% 的人是贏家，你唯有跟另外 90% 的投資人觀念不同，才能

成為致勝的贏家，相信閱讀本書的你非常幸運，你會發現，現在所學的很多技術分析方式與觀念，跟以前所學過的很多都是不一樣的。

在上面我跟你談到了 RSI13 的運用方式之後，同樣的 RSI6 的判斷方式與 RSI13 也是一樣的，差別只在於 RSI6 所代表的是股票背後的主力積不積極進攻，當一檔個股的 RSI6 > 50，即代表該股票目前是屬於主力開始較為積極來作多，50 以下即代表主力較為積極作空，而在 50 以上，當 RSI6 的數值愈大，也代表了主力作多的積極度是愈強，甚至當 RSI6>70 進入到多方強攻區，自然代表這檔個股有噴發的潛力。

一旦你弄懂了 RSI13 與 RSI6 各自代表的意義與如何判斷強弱的方式之後，接下來我就要正式帶領你進入到選股的第五個步驟，也是最後一個步驟了。

🎯 選股步驟五：選擇 13 日 RSI>50 且 6 日 RSI>70 以上的個股

　　有了以上的說明你就不難了解步驟五的作用了，在符合步驟一到四的個股中，不但要挑出主力也同樣在作多的，而且還要是強力作多的個股。因此符合步驟五的個股，要有以下三個條件：

一、必須是主力、法人看多趨勢的個股。這類個股 RSI13 會大於 50。

二、必須是多方力道大於空方力道的個股。這類個股 RSI6 會大於 50。

三、除多方力道大於空方之外，最好也是主力、法人積極在作多的一檔個股，因此 RSI6 要進入多方強攻區，也就是大於 70。

　　當你透過前面的四選股步驟所選出的個股，必定具備長線是屬於上漲趨勢的個股（年線向上且未來一個月會持續向上），所以時間對投資人持有這檔個股是有利的；波段或短線已經具備了攻擊態樣（季線或月線其中一條向上），

甚至是波段及短線同時具備了攻擊的態樣（季線與月線皆向上）；而 3 日移動平均成交量與 18 日移動平均成交量出現黃金交叉，代表這檔個股有足夠資金介入。而選股的第 5 個步驟，就是為了確保這檔個股背後的有力人士，是跟你一樣，是站在作多的方向（RSI13>50），並且這個有力人士，不但是作多這檔個股，而且他是很積極在作多的（RSI6>70），不會輕易被空方打敗。

　　以上這五個步驟看似簡單，但是背後的邏輯卻十分清楚且環環相扣，透過組合式的技術分析，包含了一檔個股要上漲的種種因素，才是投資人應該學習技術分析的方式，而非去學習一堆技術指標。我相信當你閱讀到這裡，就能慢慢體會為什麼台灣那麼多散戶都在學習技術指標，但幾乎仍是無法擺脫賠錢的命運了。

什麼是 RSI ？

相對強弱指標 (Relative Strength Index；RSI) 簡稱為 RSI，是由技術分析大師為韋爾斯・懷德 (Wells Wilder) 所發明的，同時也是目前流傳最廣且最常被人使用的技術指標之一。

主要功用在用來評估「多空雙方力道強弱」情況的技術指標，多方是代表金錢的力量，空方是代表持貨的力量。當多方力量稍遜，價格就會向下發展；相反，當空方力量不足，價格就會向上發展。

RSI 考慮了 4 個因素：上漲和下跌的天數、上漲和下跌的幅度。在股價趨勢預測方面，其準確度相當高。

計算公式：

RSI ＝ [上升平均數 ÷ (上升平均數＋下跌平均數)] × 100

CHAPTER 4

五大步驟
選股操作實例

>> 在了解選股 5 個步驟的基本原理後,用幾個
實例帶著你進行操作,讓你能更快進入狀況。

說完了原理，我們用實例進行操作，看看透過 5 大選
股步驟選出的股票表現到底如何。

🎯 誰說股票漲了 3 倍就不能追高

4-1 彩晶（6116）漲了 3 倍，還可以買嗎？

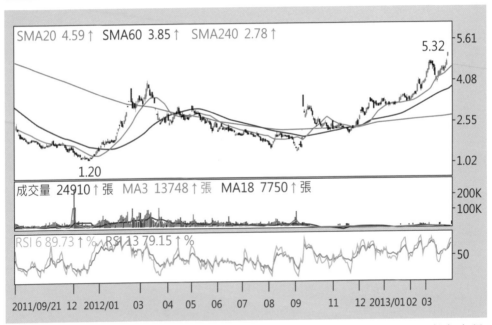

資料來源：嘉實資訊

2013年4月2日彩晶收盤價為5.26元，圖4-1已經有足夠的資訊讓你依5大步驟進行檢示。

步驟1：年線（MA240）是否向上？

步驟2：未來一個月年線維持向上或是至少不向下的機率高不高？

步驟3：除了年線向上之外，季線或是月線是否至少有其中之一向上？

步驟4：移動平均成交量是否發生黃金交叉？（MA3>MA18，且兩者同時向上）

步驟5：是否RSI13>50且RSI6>70？

你會發現在2013年4月2日當天，彩晶這支股票完全符合5大選股步驟，但此時眼尖的你可能發現，這支股票從2011年12月的1.2元漲到2013年4月2日已經來到5.26元了，正常的投資人一定覺得它已經漲了300%以上，根本不敢再買了。且投資人也發現到RSI13高達79.15、RSI6居然來到了89.73，依照一般坊間的技術分析書所教，它已經屬於超買的狀態，此時投資人應該是要趕緊賣出才是。

但當你閱讀過本書，學會了我所教給大家的投資觀念與技術分析方式之後，你再重新回頭想想，應該還記得我一開始談到的技術分析的操作原則，應該是要追高殺低才對，應該還記得不動產的例子吧？

當你懂得把彩晶當作一間房子來看，房價從每坪 1.2 萬漲到了 5.26 萬，房價是漲很多了，但你敢確定 5.26 萬的房價就叫貴嗎？還是它的房價仍然是被低估了？

倘若從我教你的 5 大選股步驟方式來判斷，你必然發現了彩晶是一檔完全符合 5 大選股步驟的個股，進而知道彩晶現在絕對是應該作買進而非去賣出，$RSI13 = 79.15$ 與 $RSI6 = 89.73$ 更顯示了彩晶目前**作多的趨勢與積極度是非常強烈的**。

現在我們再趕緊來看看如果你在 2013 年 4 月 2 日時買進了這支股票，後續會如何呢？在兩個月後，也就是 2013 年 6 月 7 日，彩晶漲到了 15.95 元的價位，漲了 203.23%。

如果你用以往的觀念認為彩晶在 2013 年 4 月 2 日已經由 1.2 元漲到 5.26 元，漲幅達 3 倍；如果用以往的技術分析觀念，認為 RSI 已經過熱、屬於超買、應該做賣出，那很可惜的。你必須在事後承認，你做的判斷與事實

是相反的,在這裡我還是不厭其煩的再次強調,過往的你所學的技術分析很有可能有學等於沒學,甚至會讓大家愈學愈錯。沒關係!昨日種種譬如昨日死,現在搞懂一切,永遠都還不嫌晚。

接下來,我再舉幾檔個股的案例,好讓你能加深印象。

4-2 紡織股龍頭儒鴻在 **2012** 年 **1** 月 **17** 日是否禁得起 **5** 大步驟的篩選?

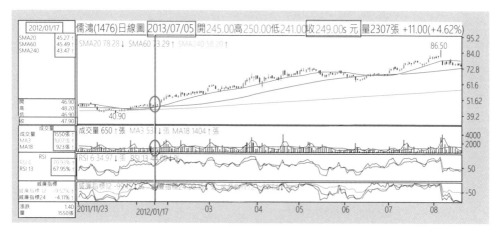

資料來源:嘉實資訊

紡織股龍頭儒鴻 (1476),2012 年 1 月 17 日收盤價為 47.9元。你再把先前我所教的 5 個步驟選股步驟拿來驗證一下。

當天年線向上,年線當時扣抵的位置約 30 元,遠低於當天收盤的 47.9 元,一個月內年線向上的機率高。而且年

線、季線及月線皆向上。3 日移動平均成交量為 1,007 張，剛向上穿越 18 日移動平均成交量的 923 張，發生黃金交叉。最後 RSI13＝67.95＞50 且 RSI6＝79.93＞70。在 5 大步驟完全符合之下，儒鴻一路從 2012 年 1 月 17 日 47.9 元漲到了 2013 年 7 月 5 日的 249 元。

再看一個例子，下圖為化工類股的中纖（1718），在 2013 年 7 月 5 日當天，中纖完全符合 5 大選股步驟的條件。該檔股票在當日以漲停作收（當時的漲跌幅是 7%），你可以再次拿中纖來對照所學到的 5 大選股步驟。

4-3 中纖在 2013 年 7 月 5 日漲停作收，你可以由下圖看出他是否符合 5 大步驟？

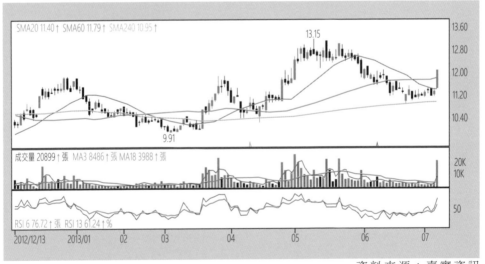

資料來源：嘉實資訊

一旦符合這 5 大選股步驟之後，漲幅往往少則 10％至 20％，多則數倍。如同中纖（1718）在 2013 年 7 月 5 日符合 5 大選股步驟的篩選條件，很快的在 2013 年 7 月 26 日，已經漲到了 14.05 元了，漲幅逾 16％。

當你學完了這 5 大選股步驟之後，許多投資人會利用股票分析軟體來設定選股程式，一旦選股程式設定完成之後，你就可以很輕鬆的找出，每天完全符合 5 大選股步驟的個股。

甚至你會發現，當大盤若是處於上漲趨勢中，符合篩選條件的股票往往很容易就出現大漲或漲停，你千萬不要覺得為什麼那麼神奇？其實不是神奇，而是因為此時所選出的個股，本來就是順著大盤趨勢在走。再加上又有主力、法人在背後推它一把，這不就是技術分析中的順勢操作嗎？

我相信你一定聽過股票市場要順勢操作，道理人人都懂，但方法卻非人人都會。更何況落實去執行的投資人更少，這也難怪，即便大盤在上漲過程，仍然有許多投資人不但賺不到錢還賠錢。所以，從現在開始，無論大盤是走多還是走空，你一定要學會順著大盤操作的方法。

當你閱讀到這裡，或許有人覺得範例還不夠多，深怕自己還不是很會運用，也可能會有人覺得任何的選股步驟會出現一堆符合的股票，而其中一定會有上漲的。甚至會有少數的人認為，我故意由一堆符合條件的個股中挑出上漲的，忽略下跌的。

　　沒關係！也許你也會有這樣的疑惑，所以接下來，我隨便抓了某一天集中市場成交值前 5 大的個股來進行分析，看看前述選股方法是否仍然禁得起考驗。

　　2013 年 7 月 5 日前 5 大成交量的個股之中，第 1、2 名的聯電與彩晶我在前面的內容已經進行過分析了，接著大家再來看看第 3 至 5 名的友達、群創及富邦金：

4-4 2013 年 7 月 5 日台股成交量前 20 大個股

名次	股票代號 / 名稱	成交價	漲跌	漲跌幅	最高	最低	價差	成交 張數	成交值 （億）
1	2303 聯電	14.80	△ 0.15	+1.02%	14.95	14.70	0.25	135,968	20.1641
2	6116 彩晶	12.85	▽ 0.55	−4.10%	13.60	12.60	1.00	98,245	12.7031
3	2409 友達	10.65	△ 0.25	+2.40%	10.80	10.50	0.30	52,735	5.6216
4	3481 群創	15.45	△ 0.70	+4.75%	15.70	14.90	0.80	52,453	8.0306
5	2881 富邦金	37.70	△ 0.55	+1.48%	37.95	37.20	0.75	39,638	14.9079
6	2891 中信金	18.10	△ 0.20	+1.12%	18.15	17.95	0.20	35,871	6.4819
7	2823 中壽	29.00	△ 1.15	+4.13%	29.00	28.10	0.90	34,475	9.8564
8	2888 新光金	10.00	0.00	+0.00%	10.05	9.98	0.07	33,757	3.3757
9	2317 鴻海	74.60	△ 2.00	+2.75%	74.80	73.10	1.70	32,244	23.9508
10	2344 華邦電	8.08	▽ 0.15	−1.82%	8.39	7.86	0.53	31,608	2.5634
11	2330 台積電	109.00	△ 2.00	+1.87%	109.50	107.00	2.50	28,230	30.7142
12	2324 仁寶	18.55	▽ 0.05	−0.27%	18.85	18.40	0.45	24,526	4.5741
13	2384 勝華	12.60	△ 0.40	+3.28%	12.60	12.25	0.35	22,073	2.7503
14	2349 錸德	5.96	▽ 0.08	−1.32%	6.12	5.90	0.22	21,964	1.3156
15	2882 國泰金	40.20	△ 0.40	+1.01%	40.50	39.95	0.55	21,493	8.6445
16	2883 開發金	8.43	△ 0.08	+0.96%	8.48	8.38	0.10	20,959	1.7689
17	1718 中纖	12.05	▲ 0.75	+6.64%	12.05	11.45	0.60	20,890	2.4984
18	3474 華亞科	14.85	▽ 0.15	−1.00%	15.20	14.00	1.20	20,821	3.0461
19	2498 宏達電	203.00	△ 2.00	+1.00%	208.50	202.50	6.00	17,594	36.0765
20	1314 中石化	15.30	△ 0.25	+1.66%	15.55	15.15	0.40	16,915	2.6015

千萬不要因為便宜而買股票

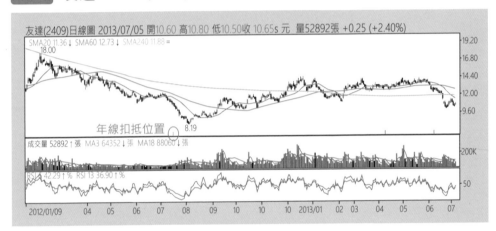

友達(2409)日線圖 2013/07/05 開10.60 高10.80 低10.50收 10.65s 元 量52892張 +0.25 (+2.40%)

資料來源：嘉實資訊

　　圖 4–5 是台灣許多投資人都愛買的友達（2409），你可以看看，友達當時的股價很便宜。但是便宜的股票就值得買？依照你所學過的 5 大步驟拿來檢驗，第一個步驟它就不符合了，你應該還記得，我在本書一開始就告訴大家這 5 個步驟是有順序的，第一個步驟不符合，就不需再看第二個步驟了，若是第一個步驟符合，但第二個步驟不符合，那也無須再看第三個步驟，以此類推。所以若是從友達這個案例來看，你一旦發現它不符合第一個步驟就直接無視

這檔個股吧！但我在這裡，為了幫助你多多加強判斷個股的經驗，所以還是帶領大家一步一步看下去。

第一個選股步驟一旦不符合，也沒有討論第二個步驟的機會了。你可以直接從第三個步驟來判斷，此時的友達，月、季線都是下跌的，也不符合第三個步驟月、季線至少有一條是向上的條件。而第四個步驟是判斷成交量，友達的 MA3 是小於 MA18 的，並且才剛出現死亡交叉不久，所以根本也不符合步驟四，移動平均量出現黃金交叉的條件。關於步驟五討論的是 RSI，友達的 RSI13 = 36.90 < 50，所以也不符合步驟五。從選股的 5 大步驟來一一判斷後，友達是完全不符合我所教的 5 大選股步驟，換言之，這種股票雖然處在歷史的低點，但仍不會是你應該挑選作多的標的。

從圖 4-5 友達股價走勢圖中，你會發現 2013 年 7 月 5 日，收盤價為 10.65 元。但是到了 2013 年的 11 月中，友達居然又跌到了 8.43 的低點。如果你懂得這 5 大選股步驟，就不會去買進這檔個股，甚至手中有的持股也會趕緊賣出。但不是所有投資人都這麼的幸運，因為在 2013 年 7 月 5 日當日，友達可是全集中市場成交量第三大的個股，成交 52,735 張，代表在這天必然有看多的人共買進了 52,735 張的友達。

4–6 友達 2013 年 11 月中，股價持續下跌

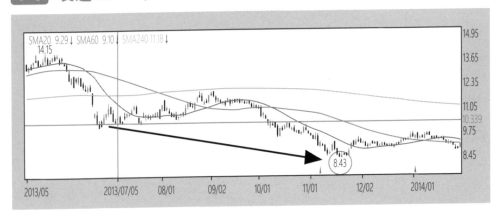

資料來源：嘉實資訊

　　看完友達的案例之後，接下來你再來看看成交量第四名的群創（3481），現在我先來考考你，面對群創這支股票，你該如何操作呢？請你先花點時間想想看要如何操作，判斷一下到底可以買？還是不能買？理由是什麼？

　　十字線的位置為年線目前扣抵的位置。請投資朋友們務必自己先仔細想想，無論你想的是對還是錯都沒有關係，但是自己有思考過後才會知道自己的問題出在哪裡，等大家完成思考後，再來看看下面的解答。

4-7　群創在 **2013** 年 **7** 月 **5** 日符合 **5** 大選股步驟？

　　　　　　　　　　　　　　　　　　資料來源：嘉實資訊

我們先來看第一個步驟，群創的年線目前是走多所以是沒問題的，步驟二，2013年7月5日群創年線扣抵位置為2012年7月17日，股價為10.65（圖4-7十字線標示位置），之後的一個月將會陸續從10.65往8.48附近扣抵，也就是群創在未來一個月，只要不要跌到8.65以下，原則上年線是會持續向上的，因此也是符合條件。然而在步驟三，群創目前處於長多、中空、短空格局，季線及月線皆向下，屬於多空不明的走勢，雖然它有可能將來會變成長多、中空、短多的走勢，但也有可能會變成長空、中空、短空的空頭走勢，所以群創顯然不符合步驟三的條件，因此正常情形之下，你可以不用繼續檢查下去了。群創並不值得大家在此時投資，但為了讓你能多加練習，因此我帶大家跑完5個選股步驟。但請記得，以後你自己選股時，若發現股不符合步驟三的條件，就沒有必要再去檢驗步驟四及五。回到步驟四，目前成交量並無出現黃金交叉，MA3下跌、MA18上漲屬無效交叉，因此步驟四也是不符合的。步驟五，RSI13只有38.84，小於50仍不符合選股條件。以上述情況來看，群創並不適合買進。不過你可以持續觀察它，等待月、季線至少有一條轉多。以及成交量出現黃金交叉RSI13>50、RSI6>70等條件滿足再買進。

　　當然你也可以採取更積極的作法，在前 4 個步驟符合的情況下就買進。

◎ 步驟五可以打折扣？用勝率換低價！

　　相較之下完全符合 5 大選股步驟，擁有較高的勝率，不過放寬步驟五的要求，卻有機會以較低的價格買進。畢竟，步驟五是拿來確認主力、法人心態是否作多且積極。倘若，當前四個步驟都完全符合，第五個步驟 RSI13 也大於 50，但 RSI6 則略低於 70 的標準。這代表什麼？這代表這檔股票背後主力的方向是作多，只是積極度沒有特別的高。因此你還是可以試著買進。但是往往前四個步驟都符合，只缺第五個步驟之下，買到的位置通常會是比較低、比較便宜的。所以如何取捨還是要看你自己決定了。但請切記！買進任何個股，前三個步驟都必須符合。第四（成交量）或第五（RSI）至少其中之一要符合條件。譬如剛剛提到的 RSI6 還不到 70 以上，或是成交量 MA3 與 MA18 可能隔一、兩天才會黃金交叉。在這樣的情形之下，你雖然要多冒一些風險，但卻能以較低的價格買進。不過一定要切記！以上已經是最低標準了，不可能再放鬆了。

在只符合 2 個條件的情況下，套牢的機會大增

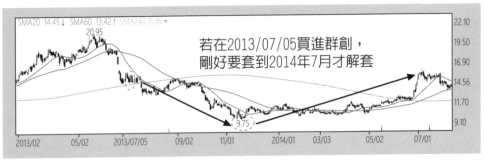

若在2013/07/05買進群創，
剛好要套到2014年7月才解套

資料來源：嘉實資訊

很可惜的，群創在 2013 年 7 月 5 日並不符合步驟三、四、五，也因此股價由 15.45 元一路下跌至 9.75 元，才開始觸底並反彈。

若當初你因為不懂選股的方法而買進了群創，整整要被套牢一年，直到隔年 2014 年 7 月才有機會打平解套。並且若在隔年 7 月沒賣出，就得再等到 2015 年才有機會解套了。所以你說這選股步驟重不重要呢？

最後，我們再來看一下圖 4-9 的富邦金，請你同樣先自己思考看看，面對這樣的股票你應該如何操作？

4-9 2013 年 7 月 5 日富邦金可以買進？

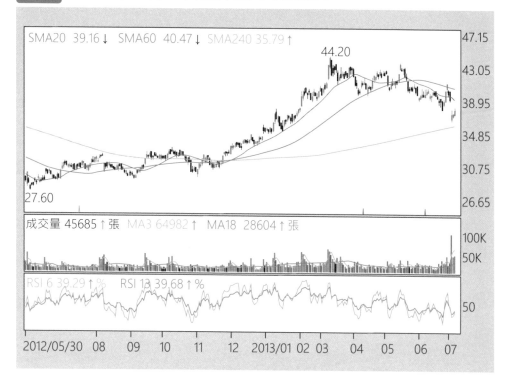

資料來源：嘉實資訊

　　經過了前面這麼多的範例說明，相信此時的你，應該懂得如何判別了吧？我們來看看下面的答案：

　　步驟一、二是沒問題的，步驟三同樣是多空不明的情況，一般來說這樣的股票大家就可以直接不去管它了，但倘若你真的想買進這檔個股，那我們可以再觀察步驟三何

時能符合。至於步驟四富邦金移動平均成交量早已在好幾天前就出現了黃金交叉。步驟五則 RSI13 目前小於 50。

在以上情況下，我們暫時不要買進富邦金，而要等到月、季線其中一條翻多，搭配移動平均量出現黃金交叉，這樣的勝算就會高了許多。

當然，富邦金比前面的群創作多獲勝機會是比較高的，原因是它的成交量指標是對的，代表在當下至少有特定的人士注意到它。

你在閱讀本書時，雖然學的是 5 大選股步驟，不過，每一個步驟背後所代表的用意，一定要搞得清清楚楚，如同看到富邦金的成交量是足夠的，那你就要知道，這代表就是有特定人注意它了，此時的籌碼就具備足夠的攻擊量來讓富邦金上漲，但由於缺乏步驟三的要件，所以我們並不會買進它。而也由於缺乏了步驟三與步驟五，所以即便這檔個股目前有特定人士在背後操作，但通常這樣的個股都是短線上的表現而已，漲幅通常也不會太大。

然而不管是群創還是富邦金的例子都告訴我們，這樣的股票短時間大漲的機會並不高，因為它們都仍需花時間整理或修正才能讓 5 個步驟都健全。

我們再來看一下富邦金另一段時間的例子。由下圖你可以看到的富邦金 2012 年 11 月 29 收盤的的情況（十字線所在位置），5 個步驟剛好都符合，出現了第一時間的買進訊號，當日的收盤價位為 32.35 元，最後一路漲到 2013 年 3 月 11 日為止的 44.2 元才開始拉回修正，大漲 36.63%。大家此時應該可以感受到這 5 個選股步驟所帶來的威力了吧！

4-10 富邦金在 2012 年 11 月 29 至 2013 年 3 月 11 日大漲了 36.63%

資料來源：嘉實資訊

股本大的企業特別準確

　　此外，要特別補充一點，在技術分析的使用之中，股本大的個股準確度會高於股本小的個股。因為股本大的個股不容易被少數主力或法人所影響。也因此主力及法人也不容易操控技術分析指標進行騙線。因此像群創、富邦金這樣的權值股，一旦5個步驟齊全了，通常就會是你買進的最佳機會。權值股由於股本大並且會影響到加權指數，因此很少出現大幅上漲的情況，也就不容易通過選股步驟的篩選。喜歡投資權值股的讀者，不妨利用5步驟同時符合時，買進權值股。由於每一檔權值股出現符合條件的時間點不一致，就能輪流在權值股之中達成換股操作的樂趣喔！

　　前述內容，我以2013年7月5日（P83）當天，成交張數前五名的個股為例，示範股票篩選的方法。我任選一天，挑選成交金額大的個股，而不是在事後，挑選上漲的案例為例子。是因你在買任何股票的當下，都不會知道這檔個股未來的走勢會如何。所以很多書籍中，作者總喜歡拿成功的案例，來說明他的方式是對的。然而我希望的則是無論投資人在何時何地，面對任何股票，你都能很清楚

的分辨什麼股票可以買、什麼不可以買、也不應該持有。要能讓你學會這樣的辨別能力，就必須要能任意拿股票來舉例才有辦法囉！

看了2013年7月5日那天前5大成交張數的個股之後，你應可以發現符合這5大選股步驟的個股其實並不是那麼的容易。在上市櫃逾1,600檔個股裡，能夠符合這5大選股步驟的股票通常不超過300檔。用比例來看不到兩成。符合股市中的2：8法則，這是湊巧嗎？當然不是了。因為以台股在2016年每天成交量不過6、7百億來看，這個數量也是一天能夠拉抬股票的極限了。

在正式進入下一個章節前，我再舉兩檔完全符合5大選股步驟的個股，投資朋友未來在選股的時候，只需要依樣畫葫蘆即能挑出有機會飆漲的個股。

圖 4-11 為錩泰 (1541)，你可以明顯看出這檔個股目前年、季、月線都是同步上揚的，所以步驟一、步驟三都是符合的，而在 2016 年 6 月 29 日這天，錩泰的成交量 MA3 與 MA18 出現了黃金交叉，RSI6>70、RSI13>50，步驟四與步驟五也是完全符合的。

4-11 你會在 2016 年 6 月 29 日買進錩泰？

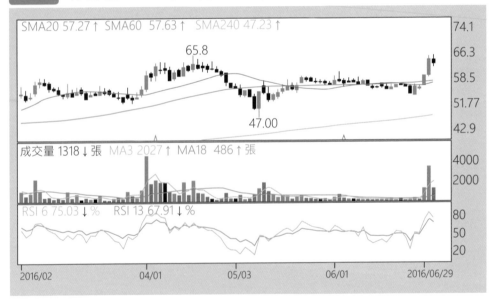

資料來源：嘉實資訊

4-12 錩泰 2016 年 6 月 29 日年線扣抵位置

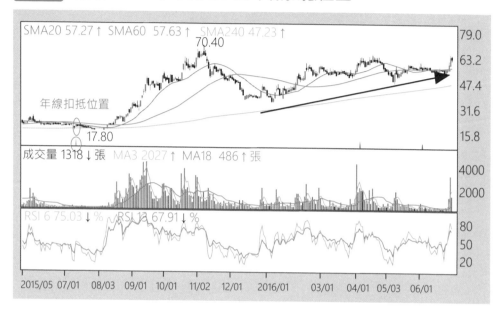

SMA20 57.27↑ SMA60 57.63↑ SMA240 47.23↑
70.40
年線扣抵位置
17.80
成交量 1318↓張 MA3 2027↑ MA18 486↑張
RSI 6 75.03↓% RSI 12 67.91↓%

79.0 / 63.2 / 47.4 / 31.6 / 15.8 / 4000 / 2000 / 80 / 50 / 20

2015/05 07/01 08/03 09/01 10/01 11/02 12/01 2016/01 03/01 04/01 05/03 06/01

資料來源：嘉實資訊

艾致富老師小提醒

　　權值股由於股本較大，運用技術分析對其股價走勢進行判斷時，準確度較高。但是當一檔股票股本大到本身的上漲就足以帶動大盤時，情況就會改變。如台積電（2330）、鴻海（2317），你用技術分析去判斷這兩支股票往往反而容易出錯。

　　因為這樣的個股若出現大波段的上漲，也等同於大盤將會出現上千點的大波段行情，而出現這樣情況的機率並不高。

而鋁泰從圖 4–12 年線扣抵位置僅只有 20 元左右，遠遠低於 2016 年 6 月 29 日的收盤價 59.50，因此你也可以很確定，年線在未來一個月當中，絕對只會向上不會向下，所以步驟二也是符合的。

　　透過圖 4–11 與圖 4–12 就可以輕易的判斷鋁泰 (1541) 是一檔完全符合 5 大選股步驟，2016 年 6 月 29 日這天，你就可以大膽的將它納入你的選股名單。

　　圖 4–13 為生技類股康友-KY(6452)，在 2016 年 6 月 29 日當天的股價走勢。當天年、月線同步向上，當日收盤價 392 元，成交量移動平均線 MA3 與 MA18 同步向上，RSI6=71.30>70、RSI13=63.43>50，從當日的資訊之中，你就可以確認該檔個股的步驟一、三、四、五都是符合的。

　　圖 4–14 可以看到康友-KY 年線扣抵的收盤位置為 166.5 元，而在之後一個多月當中，年線將會往最低點 144.00 元扣抵。因此你可以很確定，未來一個月，年線上漲的機會極大。也因此在步驟 2 這個選股條件也是符合的，康友-KY 在 2016 年 6 月 29 日，符合 5 大選股步驟，是值得買進的個股。

4-13 康友–KY（6452）是否符合一、三、四、五等4個步驟的篩選？

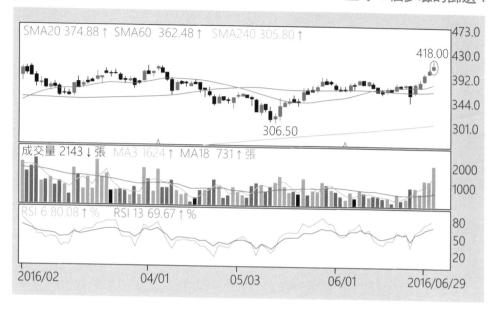

資料來源：嘉實資訊

4-14 康友–KY（6452）是否符合第2個步驟的篩選？

資料來源：嘉實資訊

學了這5個步驟之後，我相信你心中會有一個很大的疑問。那就是這5個選股步驟只是告訴我，如何找到上漲機率較高的個股，但是若是我錯過了第一個買進點，我還能不能買這一支股票？我怎麼知道何時要賣出它？只會買、不會賣，才是多數投資人最大的問題呀！

當然，我也知道這是絕大多數投資人長期無解的問題，所以，在下一個章節，我將告訴你如何利用威廉指標進行停損與停利。技術分析的運用必須符合緊密的邏輯，這是我在教學與創作一向的風格。因此，由選股到停利、停損的設立都將在本書有完整的說明。

艾致富老師小提醒

5大選股步驟之中，步驟一至步驟三是買進任何一檔個股絕對必須符合的。而步驟四與步驟五，兩者之中要符合其中一項，剩餘的另一項條件，則只要相去不遠就可。這取捨之間就在於，放棄選股步驟來交換更低的買進價格。等於是拿勝率來換報酬率，沒有絕對哪個好或壞，完全由投資者去拿捏。

CHAPTER 5

用威廉指標
決定股票買賣點

>> 符合 5 大選股步驟的股票，你可以立刻買進，
   但是為求保險，你可以用威廉指標找到更好
   的時機點。

每個投資人都知道，要在股市之中獲利，就一定要做到大賺小賠。然而，知道歸知道，真的有辦法做到的投資人，卻是少之又少。在了解本書之前說明的 5 大選股步驟之後，你已經可以準確的挑出飆股，接下來的內容告訴你如何獲利了結，完成大賺小賠投資模式的最後一塊拼圖。

　　股市投資如何一直保持大賺小賠的狀態？你必須懂得兩件事：

一、**當你買進任何股票的當下，就必須要知道這檔個股的停損價位該設在何處。**停損價位的設定是門很重要的學問，因為設的太近，很容易在準備起漲前就觸發而停損了，設得太遠，萬一股價真的不漲反跌，即便停損了也傷痕累累。

二、**當你買進的股票開始賺錢時，就必須知道這檔股票的停利點應該如何設定。**

　　如果你在買進股票時，已經有了明確的停損點，那麼這檔個股若真的走勢不如預期，也會因為有了停損點的保護，而頂多出現小賠的情形。反之，一旦這檔個股真如預期開始出現上漲，你如果懂得如何設定停利點，也就能確保多數的獲利可以安全落入口袋之中。

以上的觀念非常重要，你一定要記住：在買進股票時同時設好停損與停利點。

在前面的各個章節之中，你已經完全學會了我所教的5大選股步驟。基本上，只要是大盤的行情是屬於盤整或是上漲趨勢，透過這5大選股步驟都很容易買到波段大漲的個股。

這樣的個股共同具備兩項特點：① **符合趨勢與波段上漲行情**，② **擁有足夠籌碼的特定人士所支持**。也因此，透過這5大選股步驟所挑出來的個股，往往只要行情開始啟動了，就會出現一個波段行情。

也因此，你在本章節之中，最重要的是要學會如何能把好不容易找到的飆股，化為實際的獲利，變成現金放進自己的口袋。而不是抱著它上漲又抱著它下跌。威廉指標將在這最後的關卡提供你關鍵的助力。

有時你選出來的個股，因為法人或是主力的操作，出現下挫，你以為自己判斷錯了，匆匆的出場，但是在籌碼洗掉之後，股價又反轉而上，你只能徒呼負負，而利用威廉指標來停損，則可以避免此一情況。

威廉指標在坊間書籍幾乎都用非常簡短的篇幅帶過，為何如此？因為很少人懂得如何運用它，也很少人會透過威廉指標來投資，但是威廉指標我個人認為它很重要，今天就算你是花了 1,000 元來買此書，光學會了威廉指標的運用就物超所值了，因為即使花幾萬元去參加技術分析課程，也絕少有人會在課程中教你威廉指標詳細的用法。

　　威廉指標如同 RSI 一樣，有最高點 0 及最低點 –100，注意到了嗎？但它跟一般其它有最高點、最低點的指標最大的不同，就在於它的高點是 0 而非 100，但坊間有些不錯的看盤軟體，為了讓投資人不要與其它指標搞混，所以特別設計了程式，讓威廉指標也能如同一般指標一樣，高點為 100、低點為 0。

　　不管你的看盤或股票分析軟體是否有經過改良，只要先搞清楚你的軟體之中，到底威廉指標的高點是 0 還是 100 即可。

🎯 24日威廉指標連續 3 天進入多方強攻區是買進點

威廉指標如同 RSI 一樣，我把它區分成四個區塊，0 ～ −20 為多方強攻區 (如果你的看盤軟體 100 是最高點那多方強攻區便是 100 ～ 80)、−20 ～ −50 為多方盤整區、−50 ～ −80 為空方盤整區、−80 ～ −100 為空方強攻區，−50 一樣為多空分界線，建議把威廉指標的參數設為 24 日，但與 RSI 不同之處，我歸納為下列幾點，請務必牢記：

一、**多方強攻區**：多頭攻擊訊號，軋放空、軋空手、軋不小心賣掉的投資人，**請大家千萬記得當個股 24 日威廉指標連續站穩多方強攻區 3 天，該股便是波段飆股了，千萬別輕易賣出**。註 1

二、**空方強攻區**：空頭殺多頭訊號，千萬不要因為指標超賣而買股，任何大盤指數或是個股只要 24 日威廉跌到空方強攻區千萬別作多，手邊的股票若是跌到空方強攻區即使虧錢套牢也請盡快賣出。

三、**多方盤整區**：股價通常會在月線 (MA20) 之上盤整，此時該股票為盤整盤，適合區間操作，高出低進。

註 1：威廉指標使用概念、方式引自於恩師吳筱蓁老師所教

四、空方盤整區：股價將在月線（MA20）之下盤整，此時該股票為盤整盤，只要24日威廉不跌到空方強攻區，即使當時股價已出現連續數天下跌，仍為盤整盤，適合區間操作，高出低進。

五、威廉指標只有區塊的差別，沒有數值高低的差別。換言之，24日威廉＝-2與24日威廉＝-19都是一樣的，並無強弱上的差別，因為都是在多方強攻區。24日威廉＝-21與24日威廉＝-47也是一樣的，因為都是屬於多方盤整區。沒有說-21就比-49強。但如果是24日威廉＝-19與24威廉＝-21雖然只差2，卻是天差地遠，因為一個是在多方強攻區的飆股，一個只是多方掌控的整盤個股而已。

5-1 威廉指標的數值意義

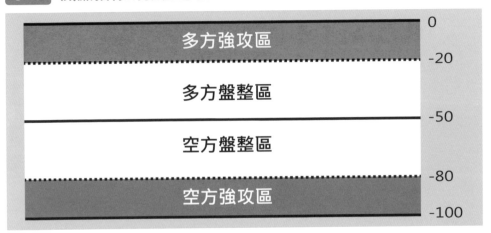

資料來源：作者整理

　　當投資朋友有了上述 5 個觀念後，接下來我們就要開始來學習如何利用威廉指標設定停損與停利點，首先，你先依照先前所學的 5 大步驟，挑出適合作多的個股，並且在 24 日威廉指標進入多方強攻區 3 天後買進。

🎯 3 天跌出多方強攻區且股價低於 MA20 要停利、停損

　　在你以 5 大步驟篩選並買進股票後，就要每天注意威廉指標是否一直保持在多方強攻區，只要這支股票一直在多方強攻區，就會持續上漲，千萬不要賣出。確認是否賣出的條件有下列二點：

一、該股價收盤是否有跌破 MA20(月線)。

二、威廉指標連續 3 日跌出多方強攻區。

　　若上述 2 種狀況皆符合你就可以停利或停損賣出了，若是沒出現即可續抱，股價必會再創新高。

　　以下來看看我操作國喬（1312）的例子，圖 5-2 中圈起來的位置是買進該股的第一天，也就是 2013 年 5 月 20 日。

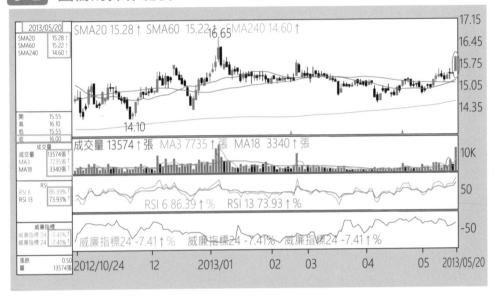

資料來源：嘉實資訊

　　當天該股票的開盤為 15.55 元收盤為 16 元，大家可以
看出我先前教大家的 5 個步驟，這支股票都符合，且該股
票在我買進之前股價一直呈現橫盤的整理。換言之該股票
並未呈現大漲，大家再看看左邊最下欄的技術指標 24 日威
廉指標為 –7.41，0 ～ –20 為該分析軟體的多方強攻區。
其實在我買進這檔個股時，該 24 日威廉指標已經是第四天
在多方強攻區了。

　　大家可以由圖中可以看出在 2013 年 5 月 15 日該股票

的威廉指標為 -17.65 已進入多方強攻區,而從 15 至 20 日這 4 天當中威廉指標都一直往上停留在多方強攻區。這樣的股票基本上已代表主力法人已經部分上車了,很有可能接下來就開始上漲。但有時候主力法人因大盤或大環境不好,或是想要再洗盤或吃更多籌碼,可能會延後發動攻擊,但基本上如果你買進這樣的股票獲勝的機率是很高的,因此你要持續的抱著它。

大家讀到這裡務必要搞懂我上面教各位的每一個步驟環節,不然後面你會更搞不懂。

接著我們再以國喬為例,說明操作的流程。在 2013 年 6 月 14 日,24 日威廉指標向下跌至 -34.33。跌出了多方強攻區,這是一個需要注意的訊號,在未來幾天便是你要好好觀察,它會不會跌破 MA20 且威廉指標站不回多方強攻區,一旦是就可以停利了,如果沒出現賣出訊號,那麼就續抱。

以國喬為例,之後 3 天 24 日威廉指標仍未回到多方強攻區,但是股價卻也沒跌破 MA20(見圖 5-3)。這時候,更重要的是你發現了威廉指標又開始從 34.33 往上走到 21.21,也因此 2013 年 6 月 14 日當日的國喬威廉指標出

現了你買進之後的最低點，**也就是 -34.33，此時請你務必在 2013 年 6 月 14 日的股票最低點 17.40 元畫出一條水平的停利線（見圖 5-3）**。箭頭所指的水平線即為停利線，未來的股價一旦收盤跌破停利線且 3 日站不回該線就請賣出。

5-3 24 日威廉指標低點的價位為停利點：股價連續 3 天跌破就賣出

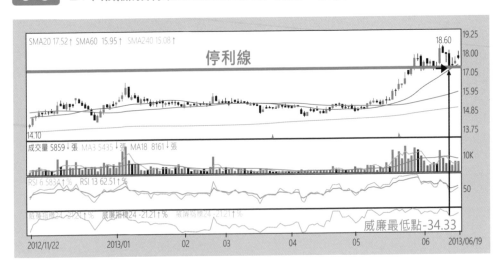

資料來源：嘉實資訊

威廉指標低點的價位是停利點

看到這裡我跟大家確定幾個觀念：

一、2013 年 6 月 14 日當天並非賣出點。雖然當日威廉跌破多方強攻區，但股價沒跌破 MA20，如果有跌破 MA20 請賣出。

二、一旦當日沒賣出就必須連續觀察未來 3 日，有無出現賣出訊號（威廉跌破火山區且股價跌破 MA20）。

三、國喬在 2013 年 6 月 14 日後的 3 日（6 月 19 日），都沒有出現賣出訊號，那麼該股的 24 日威廉指標，從你買進的那天起，在 6 月 14 日出現的最低點，這天股價的最低點為 17.40 元，這就是未來的停利價位。

四、之後只要股價不連續 3 日跌破 17.40 元，該股票就仍會持續向上。一旦連續 3 日股價低於 17.40 元就請停利。

五、停利線就等同於該股票的支撐點。

大家看看 17.40 元的停利線的重要性，大家有無發現 2013 年 6 月 14 日所畫出的停利線 17.40 元，一直到未

來 2013 年 6 月 28 日前,該股票都不曾出現連續 3 日跌破 17.40 元的水平停利線,即使 2013 年 6 月 28 日當日,威廉指標已經來到代表弱勢盤整區的 68.42 都不曾跌破。大家還記得嗎?只要不出現賣出訊號,就代表股價會更高,甚至到 2013 年 7 月 17 日該股票仍然沒有出現賣出訊號。所以該股從我買進的 2013 年 5 月 20 日至 2013 年 7 月 17 日,股價從 16 元附近已來到 21.35 元仍是續抱。

但是股價不停的走高,停利線不用調整嗎?

眼尖的你應該可以由圖 5–4 中發現,2013 年 7 月 10 日當日威廉指標又由多方強攻區跌到了 –38.98 的多方盤整區,但當日股票一樣沒跌破 MA20,於是我們同樣又把先前的判斷停利條件重新再來一次。

它一樣在 3 日內沒跌破 MA20,且股價很快又往上走了,也因此在 2013 年 7 月 10 日的股價最低點 18.80 元畫出一條水平的停利線,在未來只要該股票不連續 3 日跌破 18.80 元,仍舊繼續賺了。

從國喬這個例子,你可以發現,原來威廉指標所找尋出來的停利點,會隨著股價上漲,以及威廉指標跌破 –20,所造成的缺口,而一直不斷上移停利點。從第一次出現的停

利點 17.4 元，上移到第二次出現的停利點 18.8 元，這樣的停利方式，就是所謂的移動停利點，唯有隨著股價不斷上漲，來不斷上調停利點，這樣才可以保留住多數的獲利！

5-4 價格不停成長，停利線也不停的利用威廉指標而重新調整

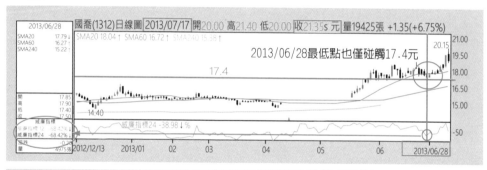

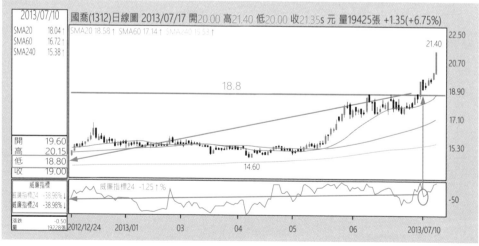

資料來源：嘉實資訊

5-6 範例一：東元 1504

資料來源：嘉實資訊

　　2012 年 11 月 30 日，東元這支股票符合 5 個步驟的篩
選，而且威廉指標進入火山區 3 天（12 月 4 日）（圖 5-6
打圈處）。因此可以進行買進。

　　我要在這邊跟大家釐清一個觀念，**當我們用 5 個步驟
挑選出股票後，接下來我們只需注意東元的威廉指標是否
有進入火山區 3 天**。只要有，大家千萬不要再去管成交量
及 RSI 的指標是否符合先前的標準。因為個股在上漲趨勢
中，絕不可能每天都會完全符合 5 個步驟的選股標準。因
此一旦你用 5 個步驟找出了一批口袋名單的股票，接著只

要 24 日威廉指標進入火山區 3 天,你就可以買進,不要再理會選股 5 大步驟。用一個簡單的圖示來說明:

5-6 選出符合 5 大步驟指標後,就只需等威廉指標的買進訊號

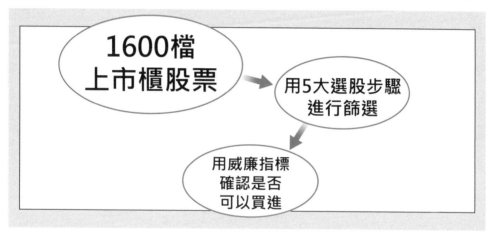

1600檔
上市櫃股票

用5大選股步驟
進行篩選

用威廉指標
確認是否
可以買進

當然挑選股票絕不可能有百分之百的準確率,也因此當你在買進這支股票後,只會出現 3 種情形:一是該股票立刻開始往上漲,這種情形機率次高,約有35%左右機率,機率的高低會隨著大盤的好壞有所差別。

二是開始盤整一小段時間,約 3 ～ 20 天,這種情形機率最高,約有45%的機率,主要原因在於,空方勢力也知道,如果不在這個最後關鍵點打壓股價,那麼這支股票將

一飛衝天。此時該股既然買進了，請記得先不用急著賣出，因為這是一檔個股要起漲之前，最容易出現的情形。而多方主力、法人，也會用力在這段時間來清洗想搭轎的籌碼。很多投資人由於股票做的過短，往往在主力、法人洗盤最後階段，因耐不住性子，而將股票賣在起漲點。

三是開始下跌（這種機率最小，約只有 20%），如果出現下跌當然就是要停損再換另一支股票了。千萬別跟該股票談戀愛，一直抱著。既然該股有 80% 機率上漲，卻還逆勢下跌，通常代表這股票一定有些問題。例如主力、法人刻意做線騙投資人進場，或是大盤的大環境不好，主力、法人通常不願意先行逆勢拉抬。

談到這裡，心思敏銳的你，也許會這麼想：可不可以只用威廉指標來進行選股？而不管之前所說的 5 大步驟。如果你把握威廉指標停利停損的設定方式，其實未嘗不可，只是選股的勝率會差一點。

艾致富老師小叮嚀

　　雖然個股買點的標準決定方式，是以 24 日威廉指標是否連續站穩火山區 3 天為基準，然而實務上，為了要能更快或用更低的價位抓到一檔個股的波段起漲點，通常只要這檔個股已經是完全符合 5 大選股步驟，甚或是只是符合 5 大選股步驟的前 3 大步驟，只有成交量或是 RSI 其中之一尚未完全符合，在這樣的情形之下，只要威廉指標第一天進入到多方強攻區之中，就可以開始買進這檔個股了，尤其是在大盤維持上漲趨勢走勢時。

　　請你未來在股市投資之中，永遠要記得，公式是死的，偶爾的靈活變通運用，往往會讓你在投資過程中，領先別的投資人許多。

接下來，我們再來看看在 2012 年 12 月日 4，買進了東元這支股票之後的情形該如何操作。

5-8 用威廉指標低點找到停利線

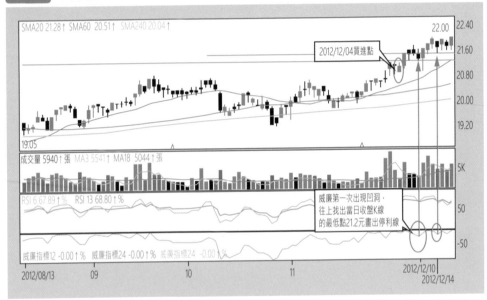

資料來源：嘉實資訊

在買進之後該股隔天出現了長紅 K 棒上漲，而在 2012 年 12 月 10 日當日威廉指標出現凹洞（圖 5-8），但東元的這個威廉凹洞跟先前我們上一個例子國喬不一樣的地方是，它並沒有跌出火山區，但只要出現了凹洞我們就必須對應當天 K 線的最低點，在最低點畫出一條停利線，往後

東元只要連續 3 天都跌破該條停利線，就要停利。

接下來幾天東元股票又開始出現連續幾天的上漲，直到了 2012 年 12 月 14 日，威廉指標又再度出現凹洞（見圖 5-7）。

這一次我用紅色的圈圈及箭頭標示這個凹洞對應上去的 K 線，並畫出了最低點 21.7 元的紅色停利線，一旦我們畫出了一條價位更高的停利線，先前那條線就沒有用處了，請記得，永遠只須保留最高價位的停利線即可，其餘皆可刪除。往後是否停利就看該股票收盤，有沒有連續 3 日跌破停利線。

說明到這裡大家應該知道下一次的停利線，便出現在兩天後的那個凹洞對吧？原則上是對了，但是一般來說，如果前後 2 條停利線靠的太近，我們實在沒必要再畫一條，就保持這條 12 月 14 日的停利線就好了。

在圖 5-9，我幫大家畫出了每一次你該考慮是否畫出新的停利線的位置，而我覺得比較適合再畫新停利線的位置則會實際畫出，你只要把握 2 個原則即可：

1、價差在 3% 之內不用再畫。

2、比原來低的不用再畫。

圖 5-8 最後在右上角圈圈的地方是停利的位置,若以
2012 年 12 月 4 日收盤價 21.1 元當作買進價。2013 年 6
月 26 日因為連續跌破停利線 3 天而賣出,當日收盤價為
28.25 元,本波獲利即為 7.15 元,獲利率達 33.89%。

5-9 東元在停利之前所有的停利線位置

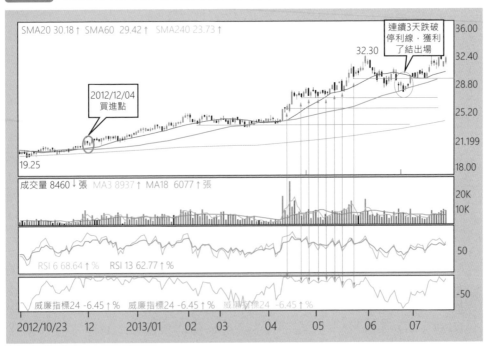

資料來源:嘉實資訊

　　經過了國喬與東元這兩檔個股的說明之後，相信你對於威廉指標的運用應該已經不陌生了。

　　由於威廉指標的功能非常強大，除了可以告訴投資人何時該買進股票？買進之後的停損與停利又該如何設定？最後何時該獲利了結？都可以透過威廉指標做到，所以你務必要多拿幾檔個股來練習，好讓自己對於威廉指標能駕輕就熟。

　　在已經學完了 5 大選股步驟以及威廉指標買賣點的運用後，我要給大家 4 支股票來練習看看，這 4 檔個股都是符合本書的 5 大選股步驟所挑選出來的。

　　而且這 4 檔個股的基本面也都還不錯，你不妨可以拿這 4 檔範例出來，對照自己的看盤軟體，來練習看看如何畫出停利與停損點。

5-10 範例一：美律 2439

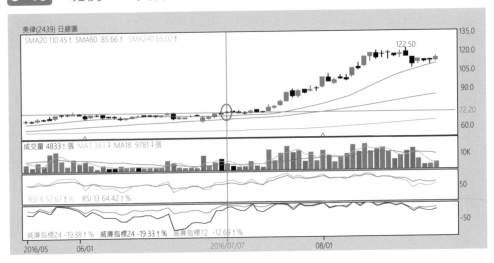

資料來源：嘉實資訊

　　十字游標為挑出該股的日期 2016 年 7 月 7 日，這支股票完全符合買進訊號，大家可以在拿到本書時，練習看看若您買進該股，該如何畫出停利線及何時停利。

　　美律這檔個股，除了在 2016 年 7 月 7 日符合 5 大選股步驟外，當天的威廉指標也剛好進入到火山區，還記得我在前面給大家的小叮嚀嗎？只要美律已經在 2016 年 7 月 7 日符合了 5 大選股步驟，而且 24 日威廉指標也在這一天進入了火山區，它就是一檔可以買進的個股了，而美律這個範例在買進後的走勢我們已經知道了，它確實漲了很大一

段，大家先用已知結果的個股來當作第一個練習範例。

　　如果你對威廉指標的用法都很清楚了，這檔個股你可以從 2016 年 7 月 7 日約 72 ～ 73 元，一路賺到 110 元以上才有機會停利，報酬率超過了 50%，如果中間你被洗掉了，代表你的威廉指標的停利點設定是有問題的。

5-11　範例二：慶騰 4534

資料來源：嘉實資訊

　　十字游標為挑出該股的日期 2016 年 5 月 31 日，這支股票完全符合 5 大選股步驟加上威廉買進訊號，大家可以在拿到本書時，練習看看若您買進該股，該如何畫出停利線及何時停利。

　　慶騰這檔個股比起前述的美律，在判斷上又來得稍微困難一點了，原因在於 2016 年 6 月的這段橫向盤整走勢（圖中方框位置），如果你的威廉指標畫得不太準確，再加上出場的方式沒學好，那麼有可能就會在這段期間被洗掉。

　　不過，如果你先前已經把威廉指標學得很好了，這檔個股事實上是不會被洗掉的，因為沒有一天是股價連續 3 天跌破停利點的喔！最後慶騰也從 2016 年 5 月 31 日，當時約 28 ～ 30 元附近，一路賺到 2016 年 8 月初的 38 ～ 40 元，又是 3 成以上的獲利。

5-12　範例三：碩天 3617

資料來源：嘉實資訊

　　挑出該股的日期是 2016 年 8 月 1 日，這支股票也是完全符合 5 大選股步驟加上威廉買進訊號，不過在我截圖的這一天，這檔個股仍處於準備起漲的模式，你除了練習如何設定停損與停利之外，也可以看看它未來的發展。當你看到此書時，這檔個股已經走了很久了，你也可以試試這檔個股是否該停損？若是開始上漲，又該如何畫停利點？

5-13 範例四：聯上發 2537

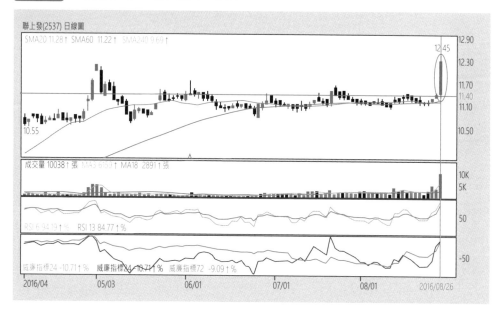

資料來源：嘉實資訊

最後這一檔個股聯上發（2537），由於在挑選當日是第一天符合買進訊號，你不妨也可以看看它未來會如何表現。當然看歸看，還是要記得在 2016 年 8 月 28 日這一天買進它時，先設好它的威廉停損點與 MA20 停損點，當日買進的停損點為 MA20 的 11.28 元。

從上面的四個練習範例當中，你會發現前兩個範例

是已經知道結果的範例，而第三與第四個範例，是我仍不知未來結果的範例。為何我要給你不知道確實走勢的股票當範例呢？一來這是你在選股時必定會遇到的正常情形，二來你在看到本書的時候，這兩檔個股的走勢已經很清楚了。你在做完測驗後，可以試著用你的看盤軟體，看看實際的績效。

這才是最實務的投資，多數的書籍都只拿經過挑選的範例來介紹，會讓你誤以為書中所教的方式準確率是100%。所以筆者在平常教學過程中，都喜歡截取當日最新的圖形來做教學預測，倘若預測10檔個股準8檔，那麼代表這套方式準確率很高，值得學員們學習。

相信大家都聽過：過去績效不代表未來績效。所以我喜歡跟大家談未來，談過去其實並不具有任何意義。

🎯 實測結果：勝率 73.45%

當你學到這裡，應該已經迫不及待想要去試看看自己選股的功力對吧？別急！為了讓你可以不用拿自己的錢去測試我的方法到底管不管用，特別用了股票軟體幫大家做回測分析，回測的說明如下：

一、回測時間：2016 年 1 月 1 日至 2016 年 8 月 20 日。

二、背景說明：大盤這段期間經過數次的波段下跌走勢。

三、回測設定：台股上市與上櫃個股中，資本額小於 50 億，日成交量大於 200 張者。

  1、挑選符合 5 大選股步驟的股票，並以威廉指標第一天進入火山區作為買進點。

  2、不進行停損，一路持有到 2016 年 8 月 20 日。

  3、獲利超過 300% 才停利，否則持有到 2016 年 8 月 20 日。

四、回測設定目的：由於資本額愈大，準確率愈高，我

只挑選了 50 億以下資本額的公司，來測試中小型股的準確度。讓投資人可以瞭解，當個股符合 5 大選股步驟的條件，並以 24 日威廉指標決定買進價格後，一路不停損、也不停利的投資結果。

5-14　回測分析綜合報告：勝率 73.45%

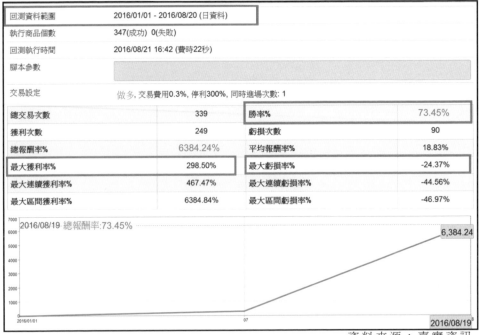

回測資料範圍	2016/01/01 - 2016/08/20 (日資料)		
執行商品個數	347(成功) 0(失敗)		
回測執行時間	2016/08/21 16:42 (費時22秒)		
腳本參數			
交易設定	做多, 交易費用0.3%, 停利300%, 同時進場次數: 1		
總交易次數	339	勝率%	73.45%
獲利次數	249	虧損次數	90
總報酬率%	6384.24%	平均報酬率%	18.83%
最大獲利率%	298.50%	最大虧損率%	-24.37%
最大連續獲利率%	467.47%	最大連續虧損率%	-44.56%
最大區間獲利率%	6384.84%	最大區間虧損率%	-46.97%

2016/08/19 總報酬率:73.45%　　　　　　　　　　　　　　6,384.24

資料來源：嘉實資訊

　　從表 5–14 你可以看到，所有上市、上櫃個股，在 2016 年 1 月 1 日到 2016 年 8 月 20 日這段期間中，共有 347 檔個股曾經出現符合 5 大選股步驟的情況，而 24 日威廉指標出現買進訊號共有 339 次。所以總交易為 339 次，每檔個股只買一次，其中有 249 次是賺錢的，90 次是賠錢的。這裡賺賠錢是指一直持有到 2016 年 8 月 20 日的結果。即便過程中賺錢但到最後 2016 年 8 月 20 日是賠錢的，這樣也算賠錢喔！賺錢的機率是 73.45%，賺最多的一檔股票賺了 298.50%，因為我把最大獲利設定 300%，所以獲利到達這數字附近它就會自動停利了。最大一筆虧損的跌幅是 24.37%。

□	商品名稱	總交易次數	勝率	獲利次數	虧損次數	總報酬率	平均報酬率	最大獲利率▼	最大虧損率
□	3522.TW (宏森)	2	100%	2	0	333.43%	166.72%	298.50%	--
□	4534.TW (慶騰)	1	100%	1	0	221.20%	221.20%	221.20%	--
□	3526.TW (凡甲)	1	100%	1	0	208.60%	208.60%	208.60%	--
□	8358.TW (金居)	1	100%	1	0	157.66%	157.66%	157.66%	--
□	3324.TW (雙鴻)	1	100%	1	0	122.53%	122.53%	122.53%	--
□	3092.TW (鴻碩)	1	100%	1	0	101.37%	101.37%	101.37%	--
□	3202.TW (樺晟)	1	100%	1	0	91.98%	91.98%	91.98%	--
□	3313.TW (麥成)	1	100%	1	0	91.96%	91.96%	91.96%	--
□	9911.TW (櫻花)	1	100%	1	0	90.92%	90.92%	90.92%	--
□	3541.TW (西柏)	1	100%	1	0	88.32%	88.32%	88.32%	--
□	3548.TW (兆利)	1	100%	1	0	87.65%	87.65%	87.65%	--
□	4916.TW (事欣科)	1	100%	1	0	87.41%	87.41%	87.41%	--
□	2439.TW (美律)	1	100%	1	0	85.84%	85.84%	85.84%	--

資料來源：嘉實資訊

　　從報酬率排行榜來看，這段期間獲利最多的是宏森3522，獲利是298.50%，獲利第二高的是慶騰4534，獲利為221.20%。你可以發現，這套選股模式，即便你都不停利、停損，居然經過一大段的持有時間，仍可以有高達七成以上是賺錢的，並且居然從買進到持有，能有一堆個股可以賺到好幾成、甚至是超過一倍的獲利，這樣的選股與操作模式，不就是你所希望做到的大賺、小賠模式嗎？

　　眼尖的投資人一定會發現，為何宏森是買進兩次？不是回測分析只買進一次嗎？因為宏森從 11.1 元買進到 44.4 元，到達獲利 300% 的停利目標，所以系統自動賣出。但在 2016 年 7 月 11 日，又因為符合條件而被買進。這一次由 43.5 元一直漲到 59 元，兩次的累積報酬率就高達 333.43%。

5-16 賠錢排行榜

☐	商品名稱	總交易次數	勝率	獲利次數	虧損次數	總報酬率	平均報酬率	最大獲利率	最大虧損率▲	最大
☐	6237.TW (驊訊)	1	0.00%	0	1	-24.37%	-24.37%	--	-24.37%	
☐	6158.TW (禾昌)	1	0.00%	0	1	-24.10%	-24.10%	--	-24.10%	
☐	3498.TW (陽程)	1	0.00%	0	1	-22.71%	-22.71%	--	-22.71%	
☐	3406.TW (玉晶光)	1	0.00%	0	1	-21.85%	-21.85%	--	-21.85%	
☐	3057.TW (喬鼎)	1	0.00%	0	1	-21.75%	-21.75%	--	-21.75%	
☐	8076.TW (伍豐)	1	0.00%	0	1	-20.00%	-20.00%	--	-20.00%	
☐	1476.TW (儒鴻)	1	0.00%	0	1	-19.93%	-19.93%	--	-19.93%	
☐	1589.TW (永冠-KY)	1	0.00%	0	1	-19.86%	-19.86%	--	-19.86%	
☐	4930.TW (燦星網)	1	0.00%	0	1	-18.96%	-18.96%	--	-18.96%	
☐	8011.TW (台通)	1	0.00%	0	1	-18.79%	-18.79%	--	-18.79%	
☐	8431.TW (匯鑽科)	1	0.00%	0	1	-18.74%	-18.74%	--	-18.74%	
☐	4971.TW (IET-KY)	1	0.00%	0	1	-18.35%	-18.35%	--	-18.35%	
☐	5317.TW (凱美)	1	0.00%	0	1	-17.98%	-17.98%	--	-17.98%	

資料來源：嘉實資訊

　　除了賺錢的要看之外，我認為賠錢的更要看。代表這些股票透過我的這套模式是比較容易失敗的。所以，往後遇到這些股票再出現買進訊號，你就可以盡量不要去買這些股票，這樣你未來的勝率又可以再提升更多

　　經過了回測分析的測試之後，你是不是非常想要趕緊透過這套選股模式與買賣進出點來操作？先別急，我建議你先把手中持有的個股拿出來判斷一下，看看手中的個股是否符合這套模式？若不符合，應該先考慮把手中的個股作個換股

動作，畢竟汰弱留強是投資中非常重要的一門功課。

　　學完了前面的所有章節，相信你都已經有能力找出很多好的股票，我更可以很肯定的說，你已經在這個股票市場贏過70%以上的投資人了。而且，你絕對不會買到空頭趨勢的個股，再加上你已經知道什麼時候該停損，在未來的投資上，便只會大賺小賠；當然，每個人都想要好再更好，我不定期有開設一些投資課程，很歡迎你來學習，而有機會，我也會在往後出版一系列的投資書籍。

艾致富老師小叮嚀

　　當你把前面我所教的內容都搞懂之後，基本上你挑選出來的股票，至少都有70%以上的賺錢機率，然而若你所挑出來的股票，有超過30%以上是出現停損出場，那麼你先不要懷疑我教你的方法是錯誤的。因為這代表大盤已經步入空頭走勢。每當大盤由上漲趨勢轉為下跌，或是由盤整趨勢轉為下跌，在指數大跌前，往往多數的個股早已出現輪跌的狀況，大家應該都聽過：『覆巢之下無完卵』這句話吧？即便我所教的選股模式再厲害，每當大盤出現波段大跌，至少也會有超過八成以上的個股跟著大跌。想當然爾，此時你所選出的個股停損機率就會變高了，所以務必要把我的叮嚀牢記喔！

CHAPTER 6

國際股市指數、個股與 ETF 的修正運用

>> 愈是公開透明的市場,愈難以人為操控的市場,本書引述的方法就越容易產生效果,因此這套方法及邏輯,其實也可以適用在各國股市大盤及 ETF 上。

不過個股的特性與集合眾多標的大盤及 ETF 略有不同,因此要進行修正才能適用。

近十年開始，越來越多投資人放棄了台灣股市，轉而投資海外基金、指數型 ETF 甚至是美股。而我國的主管機關，為了讓台灣的股市成交量擴增並與國際股市接軌，也陸續與其它國家的交易所來洽談合作，想必台灣投資人未來將會有更多的海外商品可以投資。

　　也因此我認為一個好的「選股」方式，必須要能運用在各種不同類型的投資商品上面。當然前提必須是這些投資商品，要與股市有相當的關聯性。而多數海外基金的績效，其實與投資標的國家的股票市場指數，有非常高度的正相關，因此無論是投資海外基金、國外指數型 ETF、國內指數型 ETF、或是判斷台股大盤，皆可透過本書前述的方法來進行選擇投資標的及停利停損。但是在使用方式上，則需要做些微的修正。

　　為什麼呢？主要在於一個國家的指數，多數時候不會出現很長一波的大漲或大跌的走勢。大部分是以區間整理或是大幅震盪為主，偶爾伴隨一小段的波段走勢。而你在前面所學到的選股方式，都是為了找尋出波段上漲的飆股，所以在選擇條件的設定上，就會有相異之處。然而技術指標是死的、人是活的，一個厲害的股市高手，懂得如

何運用相同的指標做出微調，來面對不同商品，或是懂得如何面對不同個股，透過不同指標來達到最精準的判斷方式。

在本章中，我要說明如何把這 5 大選股步驟，以及利用威廉指標停利停損的方式運用在國際股市、海外基金、各種指數型 ETF。你一定要記得把這些投資商品的運用方式與個股的運用方式進行區分！

由於國際股市往往連動密切，一旦美國股市出現波段大跌，幾乎全球多數股市也會連帶出現不同幅度的下跌。 所以投資朋友並沒有辦法像挑選個股一樣，單純透過 5 大選股方式去挑選符合條件的個股。畢竟光是台股就有高達 1,600 檔個股，而每一檔個股的走勢也不盡相同，所以不管任何時候，還是能挑選出符合 5 大選股步驟的個股。一旦換成國際股市就不一樣了，很有可能在一段期間中，幾乎沒有一個股市符合這樣的選股步驟，因為它們多是同漲、同跌，只是先後順序與幅度可能不太一樣罷了。

另外，一個國家指數如果要能符合這 5 大選股步驟，說實話可能久久才會出現一次，所以在實務上，若是你用了前面所學的 5 大選股步驟去投資國家指數或基金，時常

會發現怎麼指標剛符合 5 大選股條件，結果一買進去指數就開始下跌。答案很簡單，當一個國家指數能符合這 5 大選股條件時，通常都已經漲了一段時間，而大盤指數本來就無法像個股一樣，一次漲個三成、五成、一倍、兩倍。所以這種專為選出大漲趨勢，所設定的選股條件，用在大盤指數上面就很容易出問題。不過別擔心，因為我會教導大家如何透過一些微調修正，來面對這樣的投資商品。

在此我必須先說明，由於國際股市多半都是齊漲齊跌，所以選擇哪一個市場買進，並不一定是你第一優先要考慮問題。何時進場？何時出場？才是投資人應該要最關切的問題，所以我把先前所學過的 5 大選股步驟與威廉指標綜合起來，成為選擇市場與買進點、賣出點的綜合研判方式。

可以分為以下兩種情況，年線仍然向下的市場以及年線向上的市場。

投資標的年線向下時的操作方法

一、挑選年線未來極有可能向上的市場（3 個月內）。

二、確保年線扣抵位置到未來一季都會持續向下扣抵。

三、季線與月線須同時向上。

四、13 日 RSI > 50 且 6 日 RSI > 70 以上。

五、24 日威廉在多方強攻區。

6-1 選股 5 大步驟用在國家或是地區的指數，往往會因為反應太慢而錯失投資機會

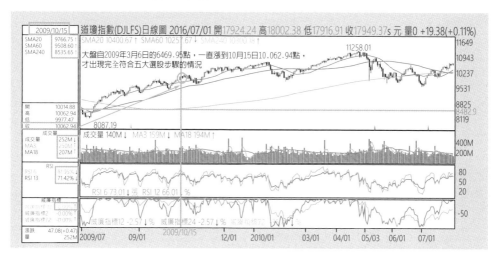

資料來源：嘉實資訊

從圖 6-1 的美國道瓊指數走勢圖，就可以了解為何 5
大選股步驟不宜直接用在國家指數上。指數從 2009 年 3 月
6 日的 6,469.95 點開始起漲，至 2009 年 10 月 15 日漲到
10,062.94 點，漲幅達 55.53%。但是直到 10 月 15 日這天，

才符合 5 大選股步驟條件。也就是說如果你把選股的 5 大步驟直接套在指數上，你就錯失了 3,592.99 點漲幅，相當於自低點已經起漲了 55.53%。

如此一來錯過了不少獲利空間，二來當指數已經漲了 55.53% 才進場，短線上的風險也升高了不少。即便未來指數還能持續大漲，但有極大可能在大漲之前，就會先出現一段不算短的整理或修正期。

事實上，若是你在 2009 年 10 月 15 日才進場，很快你將觸及到威廉指標的停損價位而出場，並無法獲利，反而還會有小幅虧損。

那要如何進行調整？很簡單，只要調整步驟一與步驟三就可以，其餘的因為都跟個股部分用法一樣，我就不另行說明。

有關於步驟一的修正，基本上是挑選年線未來極有可能向上的市場。且必須是極有可能在未來 3 個月內就由下跌轉為上揚，投資與各國股價指數連動的商品與基金，基本上除了在大空頭剛結束的 1 ～ 2 年，你有機會可以賺到好幾成，甚至是一倍以上的獲利之外，多數的時候，一個波段可能就是 8%、10% 至多 20%。也因此，如何修正這

5 大選股步驟，來找出適合做中短期波段的操作方式，變成極為重要。

而關於 5 大選股步驟的第一個步驟，你應該還記得，之所以要選擇年線向上的個股，主要是因為，我們要買進的是一個確定趨勢是向上的個股，然而一檔個股從趨勢本來是向下的，一直到趨勢由向下扭轉到向上，除了要經歷過一段至少幾個月的底部期之外，更重要的是，當年線正式翻揚向上時，股價通常都已經自底部漲了一小段了。

當然，我並不建議投資新手，為了要買在波段的最低點，而用猜底的方式進場，這其實是非常危險的。所以，寧可等到確認股票不會再繼續破底之後才來買進，雖然距離最低點可能已經少賺了幾成，但至少是買的安心、賺的放心。

但是這樣的投資方式用在大盤指數，可能就不是那麼好，因為用在個股上，即便個股從低點開始確認不再破底時，股價可能已經漲了 3、5 成，但是只要個股的趨勢是由向下翻揚成向上，那未來這檔個股少說也還會有一倍到好幾倍的獲利空間夠大家賺。

但指數可能就不是那麼一回事了，就如同剛剛所看到

的道瓊指數，當你確認底部沒問題、趨勢正式向上的時候才進場，反而讓自己短期間的投資風險升高。因此，在選股步驟一，你必須把本來確定年線已經是向上的條件，修改成**未來極有可能向上且盡量是 3 個月內就能看到年線向上**，這樣你就能提早不少時間來進場買進，圖 6–2 是經過步驟一修正之後的買進點。買進的訊號由 2009 年 5 月 4 日 8,435 點就出現，已經可以提早 4 個多月，並且多 1636.20 的利潤。

6-2 在年線向下而月線及季線同時向上的情況下，投資標的年線向上的操作方法

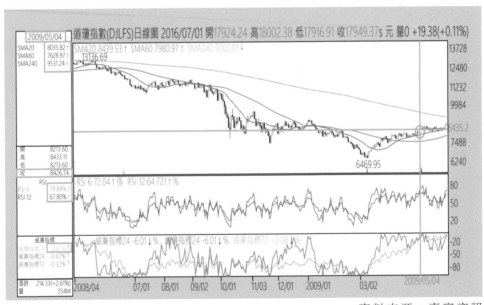

資料來源：嘉實資訊

　　那麼到底如何判定，年線在未來是否極有可能會向上？其實可以透過先前在移動平均線所學的知識，有兩種狀況是屬於多空不明：

一、長多、中空、短空

二、長空、中多、短多

　　看圖 6-2，在 5 月 4 日之前，不是年、季、月線同步都下跌的空頭走勢，就是年線下跌，季線或月線至少有一條也是下跌的。簡單來說，都屬於空頭走勢，但到了 2009 年 5 月 4 日這一天，變成了長空、中多、短多的多空不明走勢。

　　何謂多空不明？就是此時的指數可能仍是空頭走勢，也可能已經轉為多頭走勢，但很難區分。此時也可以用另一種說法來表示，那就是道瓊指數本來是走空的，但是到了 2009 年 5 月 4 日這天，道瓊指數可能已經是在走多了。

　　你要記得，當一個國家的指數雖然年線仍是下跌，但是若季、月線同步上揚，就代表了空頭趨勢可能已經在轉變成為多頭趨勢了。

　　不過，你千萬不要以為單單是這樣就夠了，因為多空

不明不代表未來就真的會走多是吧？所以還必須搭配後面的 4 個步驟一起來綜合判斷。只要後面 4 個選股步驟都完全符合，未來趨勢向上的機會就很高了。

符合上述的 5 個步驟篩選的市場，基本上就是投資人可以買進的市場。買進價位和停損、停利的決定，就如同個股，用威廉指標決定。不過這樣的進出操作方式，僅適用於由空轉多的市場！

🎯 投資標的年線向上的操作方法

倘若投資標的年線不是向下的空頭市場，而是年線向上的多頭市場，那又該如何操作呢？

一、選擇年線向上的市場。

二、確保年線從你買進開始到未來一個月仍是持續上揚。

三、季線或月線至少有一條是向上的。

四、13 日 RSI > 50 且 6 日 RSI > 60 以上。

五、24 日威廉在多方強攻區（需判斷其它國家市場）。

若是地區或是國家的大盤指數處於多頭趨勢，那麼基本的操作方式就會跟個股差不多，差別在於指數不需要考慮成交量。另外在 RSI 部分，因為大盤指數很少會像個股一樣出現強勁走勢，所以在 RSI6 部分，只須要有 60 即可，而不需要到 70。

最後關於買進與買出的時間點，國家指數、基金、ETF 比起個股的投資，還有一個非常不同的地方，在於威廉指標的運用。個股由於在上漲時，往往容易形成漲幅大、時間久的趨勢。所以透過威廉指標進出多方強攻區的時間點，以決定買點、停損、停利的方式，幾乎都可以使投資人的操作維持大賺小賠。但用在國家大盤指數、基金、ETF 就不一定是這個樣子了。原因仍是因為指數、ETF 並不容易大幅上漲，所以當 24 日威廉指標進入到多方強攻區，指數往往就會見到短期的高點而拉回了。也因此多數的時間，當你看到 24 日威廉指標開始轉折向下，你應該就要站在逢高獲利了結的一方。

但請你在獲利了結之前，請務必稍作停看聽，為何要停看聽一下呢？因為此時必須停下來，看看其它多數國家，24 日威廉是否也都進入到多方強攻區。如果大部分國家都是這樣，代表全球股市呈現多頭走勢。個股要大漲是很簡

單的，但全球股市要同步大漲卻是相當困難，所以當一個全球性的多頭走勢形成，必將維持一段時間，所以此時你就要把國家指數、ETF當成個股一樣的操作方式，一旦24日威廉進入多方強攻區，只要指數或ETF不跌破威廉的停利點就可以續抱囉！

🎯 巨型國際企業，操作準確率更高

看完了國際指數、ETF的操作方式之後，我們再來看看國外個股的操作是否也同樣適用？

我教你的選股方式，基本上只要操作的頻率與台股差不多都是適用的。你在用技術分析操作股票前，一定要有一個投資觀念，那就是愈大股本或市值的投資標的愈難被人為操控，愈難被人為操控的投資標的，技術分析判斷就愈準確。

舉個例子來說，美國股市的市值就比台灣股市大很多，所以美國股市受到人為的操控機會就會遠小於台灣。所以技術分析用來判斷美國股市指數，就會比用來判斷台股指數準確。

　　而在台股之中，台積電的市值就大於中小型股，所以用技術分析來操作台積電，準確率就會遠遠大於中小型個股。當你瞭解到這一點，再仔細看看美股、歐股甚至是鄰近的陸股，存在許多市值大的個股，而把本書所教的方法用在這些超大個股上，準確率會更高。

艾致富老師小叮嚀

　　在年線保持向上的市場之中，只要同時符合條件 1 ～ 4 的，就可以買進。投資人無須再去注意威廉指標是否在多方強攻區。因為任何國家的大盤指數通常不會出現很大幅的上漲。因此，只要威廉指標不在代表股市會續跌的空方強攻區，都是可以作多。相反的，當威廉指標進入多方強攻區時，可能由於大盤短線上漲幅已大，這時投資人要注意其它的主要國家，如：美國、歐洲中的德、法等國家，是否威廉指標也有陸續進入到多方強攻區的跡象，倘若有，那你務必如同投資個股一樣，依照威廉指標來進行停損、停利。如果其它國家並沒有，則當威廉指標進入到多方強攻區之後 1 ～ 2 日內，就可以先行獲利了結了。

6-3 市值越大,讓少數作手難以操控的個股,技術分析操作的
準確率越高。以 APPLE(AAPL.US) 為例

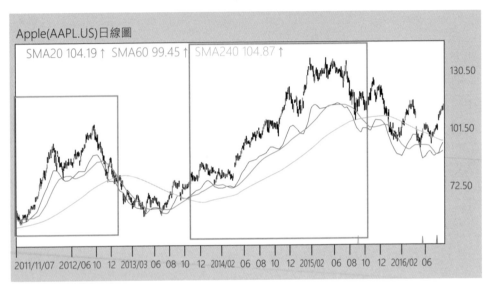

Apple(AAPL.US)日線圖

SMA20 104.19 ↑ SMA60 99.45 ↑ SMA240 104.87 ↑

130.50

101.50

72.50

2011/11/07 2012/06 10 12 2013/03 06 08 10 12 2014/02 06 08 10 12 2015/02 06 08 10 12 2016/02 06

資料來源:嘉實資訊

　　首先你可以參考圖 6-3,APPLE 的過去 5 年以來股價
技術分析圖。第一個步驟,只買年線向上的個股,圖中框
起來的部分是符合條件的時間。你可以發現,你只要用這
一個條件,在年線向上時買進,就可以輕鬆買蘋果賺大錢。

6-4 APPLE(AAPL.US)

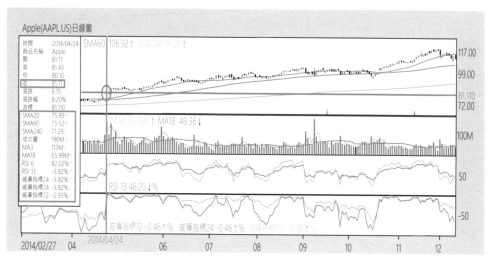

Apple(AAPL.US)日線圖

　　在 APPLE 股價大漲的過程之中，依照前面所學到的 5 大步驟，大家也可以很輕鬆的找到買進 APPLE 的股價發動點，從圖 6-4 來看，2014 年 4 月 24 日當天的 APPLE 無論是在移動平均線、成交量、RSI 都完全符合可以買進的條件。而 24 日威廉指標也進入多方強攻區，出現買點訊號。當日 APPLE 的收盤價為 81.11 元，後來一路飆漲到 117 元以上，證明了這 5 大選股步驟用在美股的 APPLE 身上仍是非常適用的。

6-5 只看年線向上，就可以獲利豐厚，以 AMD(AMD.US) 為例

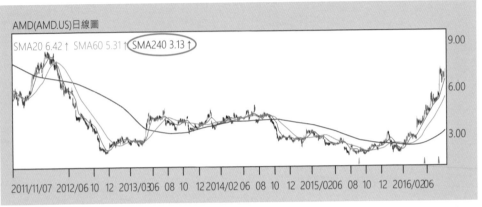

AMD(AMD.US)日線圖

SMA20 6.42 ↑ SMA60 5.31 ↑ SMA240 3.13 ↑

資料來源：嘉實資訊

　　圖 6-5 是 2016 年美股飆漲最兇的超微 AMD，我截取了過去 5 年的股價走勢圖，投資朋友一樣只用步驟一，年線向上來篩選。那麼從 2011 年到 2015 年底，AMD 這檔個股，大家都不會看上眼，到了 2016 年就完全不一樣了，AMD 的年線開始由下跌翻揚向上，出現了一波超過 150% 以上的漲幅，你是不是又可以輕輕鬆鬆賺取一大波利潤？所以，其實投資是沒有那麼困難，重點在於有沒有正確的投資觀念、方式，以及你的投資方式與你的投資頻率是不是能配合上而已。

6-6 AMD 在所有投資步驟都滿足的情況下，獲利達七成

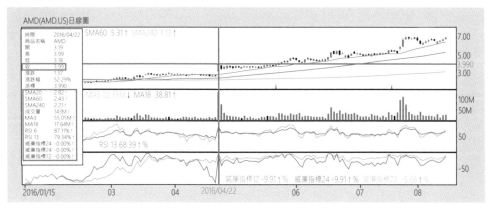

資料來源：嘉實資訊

　　從圖 6-6 AMD 的股價走勢圖中，也可以發現在 2016 年 4 月 22 日當天，AMD 完全符合 5 大選股步驟。並且威廉指標也出現了買進訊號，當時的 AMD 收盤價格為 3.99 元，你光是這一波就能輕鬆賺到七成以上的獲利空間。

6-7 大型個股以技術分析進行操作，更容易看到效果。
以 **NVIDIA** 為例

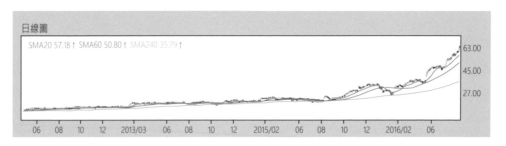

日線圖

SMA20 57.18 ↑ SMA60 50.80 ↑ SMA240 35.79 ↑

63.00
45.00
27.00

06 08 10 12 2013/03 06 08 10 12 2015/02 06 08 10 12 2016/02 06

資料來源：嘉實資訊

　　最後，我再拿一檔 2016 年也相當火紅的個股 NVIDIA（圖 6-7），你僅從過去 5 年的走勢圖來看，這檔個股從 2013 年年線翻揚以來，必然有很多次可以買進賺錢的機會，我就不一一帶領你去看了。所以事實證明，本書的 5 大選股步驟，以及利用威廉指標決定買點、停利、停損的投資方式，可以適用於外國股票，甚至準確率比台灣許多的個股還更高呢！

CHAPTER 7

輔助工具與
進階篩選

如何處理數以千計的股市資料？
如何進一步篩選投資標的？

學會了 5 大選股步驟以及透過威廉指標來決定買進、賣出、停損、停利點之後，你們可能會有兩個很大的疑問，一是這些步驟我學會了，但台股有 1,600 檔左右，我如何選出符合條件的股票呢？

二是，即便我真的把這 1,600 家公司都看過一遍，但每天符合買進條件的個股，可能會有 50 家、100 家。然而我的資金就那麼多，了不起能買 3 至 5 檔個股，那麼我到底應該要選擇買那些股票呢？

善用程式工具，讓你省時省力

我知道這是所有投資朋友們都會遇到的問題，關於第一個問題的解決方式很簡單，就是透過現在非常容易取得的股票程式軟體來幫助大家。如果要投資朋友們用自己的眼睛一支一支股票來尋找，即便你真的眼睛不會累，但透過股票軟體的幫忙，卻只需要短短幾分鐘的時間就能幫投資朋友們判斷完 1,600 家公司的技術圖型，是不是非常的省時便利呢？

　　我透過嘉實資訊所研發的 XQ 全球贏家股票軟體，它內建了可以讓投資朋友們自行設定選股條件的功能，只要你先把這五大選股條件設定好，每天系統就可以自動幫你找出符合這 5 大選股步驟的個股，所以你只需要 1、2 分鐘的時間，就可以輕鬆把台灣上市、櫃，約 1,600 家公司的技術圖判斷完畢，是不是非常省時方便呢？

　　透過 XQ 全球贏家，把所有符合 5 大選股步驟的股票篩選出來之後，只需要再去判斷這些個股何時適合買進即可，因為先有軟體的篩選，所以可以大幅刪去完全不符合的個股，留下完全符合的，將只會剩下不到 50 檔個股，這對於大家判斷買賣點就容易許多了。

　　我透過與嘉實資訊共同研發的艾致富贏家策略系統，把本書當中所教導大家的 5 大選股步驟，搭配了參數微調及其它參數設定之後，更可以在看盤之中，直接顯示出每一檔個股的買賣、停損、停利點，這樣一來，就完全不再需要投資人自己一檔一檔個股去判斷買賣點了。真的是太方便了！立馬來帶大家看看。

7-1 嘉實資訊選股的範例：美律（2439）

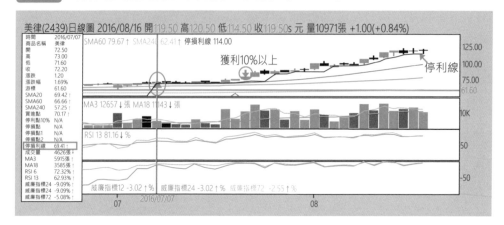

資料來源：艾致富贏家策略

在 2016 年 7 月 7 日 這 一 天 ， 系 統 在 美 律 （ 2439 ） 的 線 圖 上 跳 出 了 一 個 代 表 買 進 訊 號 的 三 角 形 標 誌 ， 當 日 美 律 的 收 盤 價 為 72.2 元 ， 當 買 進 訊 號 出 現 時 ， 同 時 系 統 也 產 生 了 的 停 損 、 停 利 的 價 位 ， 當 天 的 停 損 價 位 為 69.41 元 ， 投 資 朋 友 們 可 以 在 圖 7-1 的 左 下 方 看 到 黑 色 字 體 的 停 損 利 線 69.41 元 。 爾 後 隨 著 每 日 的 股 價 變 動 ， 一 旦 我 設 定 好 的 指 標 出 現 了 停 利 點 的 上 移 ， 代 表 停 利 的 紅 線 就 會 跟 著 上 移 。 並 且 左 下 方 的 停 損 利 線 的 數 值 也 會 跟 著 變 動 ， 只 要 股 價 不 連 續 跌 破 這 條 停 利 線 ， 系 統 就 不 會 發 出 賣 出 訊 號 ， 直 到 我 截 圖 的 2016 年 8 月 16 日 ， 美 律 股 價 收 盤 已 經 來 到 119.5 元 ， 過 程 之 中 完 全 沒 有 出 現 停 利 的 賣 出 訊 號 。 而 畫

面之中有一個倒箭頭，是恭喜大家這檔個股在這個位置已經獲利超過 10% 以上了，是不是超方便呢？

7-2 嘉實資訊選股的範例：美律（2439）

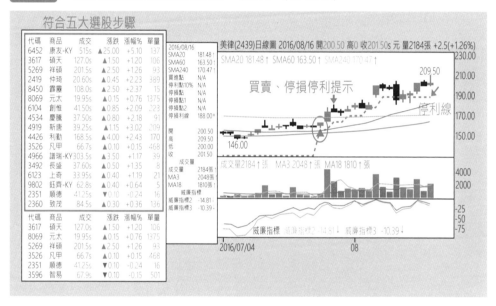

資料來源：艾致富贏家策略

　　透過股票軟體，你可以試著把符合 5 大選股步驟的所有股票篩選出來，放進自選股之中，類似圖 7-2 左上方的紅色框框裡的個股。再搭配本書中的威廉指標所教的停損、停利方式（中間部分），就形成了簡單、方便又不會遺漏任何個股的操盤模式。如果再搭配自動化程式交易，真的

可以達到人在外面上班或做任何事情，電腦都能自動幫你們買進、賣出股票呢！是不是很令人興奮？

當然，你還是可以透過其它的股票軟體來協助，市面上很多的付費軟體，都有提供投資人自行設定技術分析條件來篩選個股的功能，只要投資朋友先花一點點時間把書中所教的 5 大選股步驟設定好，每天收盤之後都可以一鍵搞定所有的股票，這麼一來第一個問題就很容易解決了。

搭配周線、本益比及題材，找到超級飆股

關於第二個問題，如何從每天篩選出來一堆個股之中，來找尋比較適合的個股買進？其實是有很多種方式可以來解決的，我舉幾個方式來給投資朋友們參考：

一、**搭配基本面**：選擇財報優的個股。

二、**搭配形態學**：如選擇底部形態剛完成，或是經過一段時間的盤整，剛突破底部或盤整區的個股。

三、**搭配各種消息**：如報章媒體或專家所提到的個股。

　　這裡只是舉一些可以搭配的方式來建議投資朋友們，當然還有很多方式，甚至可以是一套非常完整的投資邏輯架構，這麼一來就可以加速投資朋友們，每次判斷要買進那些個股的時間。也可以讓投資朋友們所買進的個股，除了技術面的優勢之外，甚至還可以擁有其它面向的優勢，如此要獲勝的機會就更加提升了。

　　解決了選股前的兩大問題之後，接下來我提出幾檔個股，我在很多公開媒體提過或教學過程中提過，透過這些有代表性的個股，可以讓你對選股有更明確的概念。

艾致富老師小叮嚀

　　上述艾致富贏家策略軟體中，所呈現出來的買賣點會跟本書所教的威廉指標買賣點有所不同。然而我希望透過這套策略軟體所顯示出來的一個畫面，讓投資朋友們可以理解到透過本書中所教的 5 大選股步驟，搭配選股軟體後，可以呈現出一籃子符合條件個股。你再利用威廉指標來設定買點、停利及停損。如此就可以達成類似艾致富贏家策略軟體中的投資模式。倘若你需要更精準、更方便的股票軟體，也可以參考我與嘉實資訊所共同研發的策略軟體。

http://stock98782.shoplineapp.com/

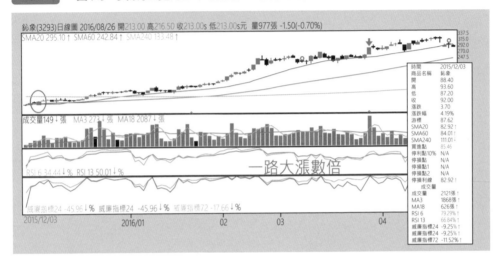

一路大漲數倍

資料來源：艾致富贏家策略

　　2015 年 12 月 3 日鈊象（3293）收盤僅有 92 元，該檔個股一路大漲至 2016 年 4 月 22 日的最高點 322 元。不過我買進這檔個股時，年線 MA240 並未向上走，但如果投資朋友們搞懂了均線扣抵的概念，即可得知這檔個股未來很快年線就會向上揚了。也等於告訴投資朋友們，這檔個股在 90 多元附近將會是上漲趨勢的波段起漲點，因為年線由空翻多，也代表了該股票的趨勢由空轉多了，那麼在 92 元附近買進，顯然很可能會是相對低點。

　　在 2015 年 12 月 3 日當天，除了年線條件還不符合之外，其餘的選股步驟與威廉指標都已經符合了。

7-4 配合周線可以更準確的預測未來

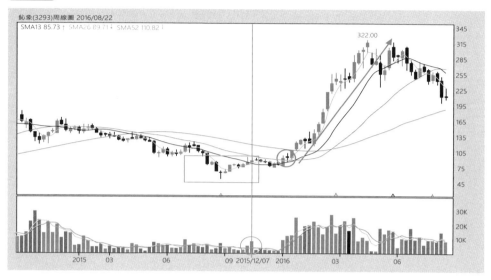

資料來源：艾致富贏家策略

　　從鈊象的周線圖更可以看出，在我買進的那一周
（2015 年 12 月 7 日），周線已經突破了短期的底部整理
形態（圖中方框），並且成交量也開始擴增，日、周線同步
告訴我，這是一檔底部起漲的波段成長股，最後事實驗證
了，底部進場不贏也難。

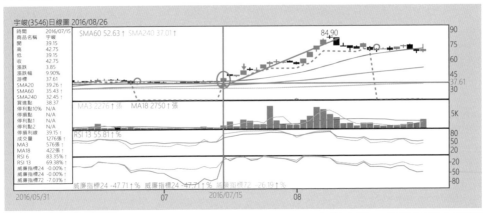

資料來源：艾致富贏家策略

　　宇峻（3546）又是另一檔倍數飆股，我曾在今周刊介紹過，買進的位置只有 40 元附近，不到一個月該股就飆漲了一倍，這檔個股在起漲前，完全符合我所教大家的 5 大選股步驟，而它當時的本益比，遠低於同類型的文創股，這樣我更加看重它的成長潛力。

7-6 配合題材選股也是不錯的方法

資料來源：艾致富贏家策略

　　智易（3596），是我在 2016 年 5 月 20 日，受邀今周學堂舉辦威廉指標講座時，所提供給學員的個股，從 2016 年 5 月 16 日的買點出現，當時的股價約 50 出頭。我挑選這檔個股的理由是當時網通個股正夯，它搭配了網通題材、不錯的基本面以及符合 5 大選股步驟與威廉指標買進訊號。

　　上面舉了 3 檔個股的進階選股理由，你有沒有發現，只要學會了這 5 大選股步驟與威廉指標的買賣點，那麼無論你是結合周線技術面，如鈊象；或是結合基本面，如宇峻；或是結合題材面，如智易，其實都可以找到很棒的飆股。

但前提是投資朋友們要把這 5 大步驟與威廉指標學會，如此一來，就能找到一檔檔的飆股了。

　　本書終於到了尾聲，天下沒有不散的筵席，預祝所有投資朋友們，在學完了本書所教的內容之後，都能從此開始，由投資市場的輸家成為贏家。

寫在文末：沒有讀完書，請不要看

2007 至 2016 年之間我開設了許多技術分析或是主力、法人的整套投資課程，其中包含主力法人的投資觀念、選股方式、操作方式，依課程內容的不同，每個課程上課時數約是 24 小時至 36 小時，費用約是 24,000 元至 36,000 元。有絕大多數的學員在整套的學習課程結束之後，不但發現過往多年的學習出了很多問題，也終於找出為何學習了這麼多的投資方式，卻仍是處於賠錢狀態或是只能小賺、小賠的原因。

本書的內容主要是幫助投資人能用最快速、最簡單的方式，即便在完全不懂任何分析方式之下，都能很快速的挑選到上漲機率高的個股。

然而我必須給你一個正確的投資觀念，那就是要能真正在股票市場長期且穩定的獲利，單靠技術分析是絕對不夠的，必須要把投資觀念、基本分析、產業分析、籌碼分析一起融會貫通。

我在教學過程之中，時常拿車子來做比喻，技術分析好比汽車的引擎，有再好的引擎，如果沒有車殼、所有零組

件，這顆引擎仍是沒有任何用處的。一顆國產小車引擎與一顆 F 1 賽車引擎，雖然造價可能差上數十倍，但在沒有車殼、零組件之下，同樣是兩顆沒有用的廢鐵。

　　因此，技術分析是引擎，產業、基本面是車殼與零組件，籌碼面是汽油，投資觀念是汽車設計師。一台車必定要先由設計師來設計（投資觀念），做出美麗的外觀（產業分析）、搭配安全的零組件與配備（基本分析）、安裝性能好的引擎（技術分析），最後必須把車子的油加滿（籌碼分析），才能創造出一台高價值、高性能、高安全性，還能跑得遠的超級好車。

　　絕大多數的投資人由於都缺乏了，我所說的投資學習觀念，花費了許許多多的時間與金錢，浪費在其中一個層面上，難怪台灣的投資人是全世界技術分析最強的散戶，卻是全世界賠錢機率前幾名的散戶，一旦當你弄清楚了這一點，往後的學習將可以節省不少時間與金錢。

　　本書的創作，除了我希望能用最簡單的方式幫助到多數用錯技術分析的你之外，最重要的是我希望能藉由本書，來告訴你如何正確學習投資。

當然，我在未來也會把更多的投資方式寫成書來跟你分享。但是，相信多數的你是沒有 3 年、5 年的耐心慢慢等待我一本、一本的創作，因此我在本書的後序中，將提供絕無僅有的優惠學習方式，只要是本書的讀者們，都可以憑藉本書所附上的優惠券來學習，至於優惠的內容為何？請你務必詳細閱讀囉！

　　親愛的你，我首先提供給大家的第一個好康是，凡是本書的讀者都可以直接加入我的ＬＩＮＥ＠好友圈，加入的方式：『＠ｓｔｏｃｋ９８』，第二個好康活動是，憑本書的優惠券（影印無效），將可以報名參加我與嘉實資訊（ＸＱ全球贏家）所合作開設的課程（現金優惠折扣２００元×３＝６００元），好康活動三，凡是本書的讀者，在優惠期限之內，都可以用八折的價錢，參加我所開設的整套學習課程（價值 4,800 至 7,200 元），詳細上課資訊可留意我的ＦＢ或ＬＩＮＥ＠公告。

　　好康優活動四，2017 年 5 月 31 前，憑優惠代碼到艾致富贏家策略軟體商城，購買含有 XQ 全球贏家的 3 種版本策略軟體，可享有 1,000 元的折價，優惠券代碼（ＩＣＦ０００１）。

根據我的過往經驗，閱讀完本書之後，你只要把握這些選股的基本原則，必然能把每次買股票的風險壓在極低的情形之下，進而創造出波段利潤。

　　很多散戶投資人不是投資的頻率過長、就是過短，我認為這都不是一個正確的投資觀念。你可以想想，有沒有一個產業或是一家公司，每個月業績都會成長？如果多數的公司都做不到，那麼投資人抱著這樣的公司股票愈久，通常都不會有太好的結果，所以投資股票不是抱得愈久，就一定會賺得愈多。然而更多的投資人喜歡買股票當沖或一兩天就賣出，我舉個簡單的說明，大家就清楚當沖或做的過短的問題點在哪裡了。

　　投資朋友都應該知道，在股票市場中要能賺錢，基本上就是要大賺、小賠對吧？相信沒有任何的投資人能每一次進場都是賺錢而從來不會賠錢的，既然如此，大賺、小賠，就是投資人要賺錢的不二法門了。

　　如果是當沖投資，你每天進場漲跌幅度都是 10％，所以基本上，你的賺錢與賠錢的幅度都是 10％，何來能大賺小賠呢？更何況多數投資人都是看到股票漲才敢買，買進的時候股價可能已經長 3％了，當天你最多就只能賺 7％，

卻要承擔下跌 13％的風險，大家仔細想想，這樣的投資觀念是正確的嗎？

還記得本書的威廉停損與停利點設定嗎？你買進股票，停損的幅度有限，停利卻是可以依照股價上漲而調整，這樣才是符合大賺、小賠的基本投資觀念。如果你現在的投資觀念與方式並不符合大賺、小賠，那麼有極大的可能，長期來看你的投資會是賠錢的，所以你發現一件事了嗎？可能在大家過往的長年投資中，一直犯了許許多多的投資觀念上的根本性錯誤，錯誤的觀念，將導致投資人的投資幾乎永遠只能是賠錢的命運。

所以不要覺得是自己學的不夠多，我敢說 90％學不好的投資人，都是因為在投資觀念上出現根本性的錯誤，而我這麼多年來的教學經驗也證明了，唯有先教導投資人正確的投資觀念，才能讓你把過往所學的重新審視，把正確的觀念留下來，錯誤的拋掉，這樣的學習才能事半功倍。

所以，我創立了艾智傅小學堂，開設了許許多多的課程來教導你，如何正確學習股票投資，然而我還是遇到了許多中南部的投資朋友，因為距離的關係而無法參與實體課程。因此，我將課程做成線上教學，甚至也把 24 堂實體

的課程濃縮成電子書，讓真的有心想把投資學好，但卻苦無正確方式的投資朋友，能排除所有的問題來好好學習。而為了優惠本書的讀者們，只要憑書中優惠券，都可以7,500元的優惠價格來購買來購買我原價24,000元的課程所濃縮而成的電子書，它的售價是8,000元。

相信當你看到這裡，我已經解決了所有你的學習問題點了，無論是你不知道該如何學習？或是不知道要去哪裡學習？我都已經幫助大家解決這些問題了，最後的問題只剩你，是否踏出學習的這一步，坐而言不如起而行，所有成功的投資人，絕對都是要跨出第一步的。

我也期望在未來，能看到更多的散戶投資人，因為投資而改善生活品質、因為投資而讓家庭過得更好。最後，也是我在很多教學場合之中，時常強調的，當大家在投資市場之中賺到了錢，請務必記得，取之於市場，用之於社會。無論你是捐小錢或是捐大錢，我都希望大家，多多幫助那些需要幫助的弱勢團體，社會因為多了更多人的付出與關懷，才能變得更好，也才能減少許多不必要發生的悲劇。

附錄

　　本書中所提供的技術圖形畫面，由嘉實資訊XQ全球贏家、元大寶來證券、富邦證券所提供，除嘉實資訊為付費看盤軟體之外，其餘都是投資朋友們可以透過到券商開戶就能免費取得的。而有些圖中含有艾致富指標，則是由我與嘉實資訊共同開發，投資朋友們若有興趣，可以與嘉實資訊洽詢，或到艾致富贏家策略商城購買。

嘉實資訊：http://www.sysjust.com.tw/

元大寶來證券：http://www.yuanta.com.tw

富邦證券：https://www.fubon.com/securities/home/index.htm

勝率73.45%！一天就學會的五步驟選股法

作者：艾致富

出版發行

橙實文化有限公司 CHENG SHI Publishing Co., Ltd

粉絲團 https://www.facebook.com/OrangeStylish/

MAIL: orangestylish@gmail.com

作　者	艾致富	
總 編 輯	于筱芬	CAROL YU, Editor－in－Chief
副總編輯	吳瓊寧	JOY WU, Deputy Editor－in－Chief

美 術 編 輯	果實文化設計
製版 / 印刷 / 裝訂	東豪印刷事業有限公司

編輯中心

新北市汐止區龍安路28巷12號24樓之4

24F.－4, No.12, Ln. 28, Long'an Rd., Xizhi Dist., New Taipei City 221, Taiwan

(R.O.C.)

TEL /（886）2－8642－3288　FAX /（886）2－8642－3298

MAIL: orangestylish@gmail.com

粉絲團 https://www.facebook.com/OrangeStylish

全球總經銷

聯合發行股份有限公司

ADD / 新北市新店區寶橋路235巷弄6弄6號2樓

TEL /（886）2－2917－8022　FAX /（886）2－2915－8614

初版日期 2017年1月

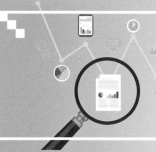

200元優惠券

(限嘉實資訊付費課程)

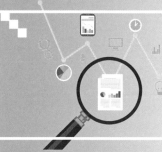

200元優惠券

(限嘉實資訊付費課程)

200元優惠券

(限嘉實資訊付費課程)

8折優惠券

(限24000元以上課程)
(限107.12.31前使用)

500元電子書優惠券

(限購買8000元電子書使用)
(限107.12.31前使用)

使用說明

1. 本券使用期限如正面所示,如未標明則無使用期限。

2. 本券限用正本,影印、轉贈皆無效。

3. 本券逾期、塗改皆無效。

4. 本公司隨時保有變更、取消及解釋優惠辦法之權利,如有異動恕不另行通知。

5. 若有任何疑問,可加入作者粉絲團留言,或加入 LINE:@stock98。

橙實文化有限公司
CHENG -SHI Publishing Co., Ltd

使用說明

1. 本券使用期限如正面所示,如未標明則無使用期限。

2. 本券限用正本,影印、轉贈皆無效。

3. 本券逾期、塗改皆無效。

4. 本公司隨時保有變更、取消及解釋優惠辦法之權利,如有異動恕不另行通知。

5. 若有任何疑問,可加入作者粉絲團留言,或加入 LINE:@stock98。

橙實文化有限公司
CHENG -SHI Publishing Co., Ltd

使用說明

1. 本券使用期限如正面所示,如未標明則無使用期限。

2. 本券限用正本,影印、轉贈皆無效。

3. 本券逾期、塗改皆無效。

4. 本公司隨時保有變更、取消及解釋優惠辦法之權利,如有異動恕不另行通知。

5. 若有任何疑問,可加入作者粉絲團留言,或加入 LINE:@stock98。

橙實文化有限公司
CHENG -SHI Publishing Co., Ltd

使用說明

1. 本券使用期限如正面所示,如未標明則無使用期限。

2. 本券限用正本,影印、轉贈皆無效。

3. 本券逾期、塗改皆無效。

4. 本公司隨時保有變更、取消及解釋優惠辦法之權利,如有異動恕不另行通知。

5. 若有任何疑問,可加入作者粉絲團留言,或加入 LINE:@stock98。

橙實文化有限公司
CHENG -SHI Publishing Co., Ltd